サトイモ畑

赤ズイキ

サツマイモ畑

ジネンジョ

▶つるにできるムカゴ

コンニャク

▶コンニャクの花

ジャガイモ畑(滋賀県農業技術振興センター提供)

甲南町稗谷のオコナイに飾られるセコ（１月15日）

甲賀町櫟野で作られる芋名月の飾り（９月15日）

木之本町西山の汁オコナイ（２月第１週）

◀軒先に干されたサトイモの葉

▼刻んだサトイモの葉を、湯の中で団子状に握ってアク抜きしたもの

日野町中山の芋くらべ祭り（9月1日）

野洲町三上のずいき祭りのずいき御輿（10月10日）

草津市追分町の「甘酒祭り」(別名「芋祭り」(11月初旬)
▶大鍋で煮た大量のサトイモ
▲棒ダラと煮た「芋棒」
▼野上神社に供える神饌

鏡神社（竜王町鏡）の御供（４月29日）
▼手前左のクリの奥がトコロ（ヤマノイモの一種）、奥に串で刺したムカゴと黒豆がある。

▲上森・下森両神社に供える神饌。臼形の石の上にサトイモ、ゴボウ、ダイコン、木皿に四角い型で抜いたご飯

浅井町野瀬の御膳送りの神饌
(12月31日と翌年１月３日)
▼神饌を盛るさいに用いる松の木のハラミバシ

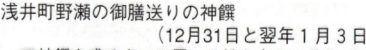

淡海文庫 36

芋《いも》と近江のくらし

滋賀の食事文化研究会 編

サンライズ出版

はじめに

「芋と近江のくらし」と題しまして、近江のおける暮らしと芋の関わりを探ってみました。琵琶湖を擁し、米作りの盛んな滋賀においても、人々は田んぼや畑の一角に必ず芋を植えて収穫し、食べ続けてきました。近江において、「芋」はどのように位置づけられてきたのか、その役割は何であったか、芋との付き合いの長さと重要性を人々の暮らしの中から検証していきたいと思います。

芋がいつから栽培されてきたかは多くの議論があるところです。東アジアモンスーン地帯の一角を占める日本において、自然にある野生の植物や動物を採取していた時代、また農耕を始めるようになってからの時代も、芋のでんぷんは、かけがえにない大切なエネルギー源となってきました。モンスーンアジアでは、もちろん米が中心的な食材ですが、大雨や台風、旱魃で米が被害にあった時、ヒトを支えてくれたのが芋でした。稲作が中心の滋賀県においても、芋は大事な食材でした。その証拠に農村の祭りに、米とともに芋が登場します。滋賀には、芋が登場するとてもおもしろい祭りが残っています。芋が祭りの主役になっている場合もあります。これはどうしてでしょうか。芋は栽培や収穫の仕方が簡単ですし、大がかりな道具もいりません。やせた土地でも育ってくれます。稲作が普及しても芋が見捨てられなかったのです。芋は日本において、米よりも長くて深い付き合いがあるのです。

世界には熱源となる芋は、大きく分けて、ヤムイモ（ヤマイモ）、タロイモ（サトイモ）、ジャガイモ、サツマイモ、キャサバ、アメリカサトイモ六種類の芋があります。今日、そのうち四種までもが、日本で栽培され、日常的に利用されています。最もよく利用している芋はジャガイモであり、次いでサツマイモ、サトイモ、それからヤマイモの順になっています。芋とのつきあいの長さから並べるとその逆になります。これらの芋のほかにコンニャクイモなど、エネルギー源にはなりませんが、伝統食品として好んで栽培されてきたものもあります。芋はどちらかというとめだたない食材です。でも命をつないできてくれた貴重なエネルギー源です。同時に栄養面から見てエネルギー源としてだけでなく、ミネラル、ビタミン、食物繊維の大切な供給源でもあります。

食育基本法が成立し、学校で、地域で、食育が開始されています。本書が、食育の場でも、伝統食品としての芋に焦点をあてて、見直していただくきっかけになったら嬉しいです。また本書を通して、滋賀県における人々と芋との付き合い方を楽しんでいただけたらと願っています。

目次

第三章　祭り・行事と芋

第四章　これからの芋文化

本文中（巻末の協力者、著者略歴は除く）の市町村名は、平成の大合併以前のものを用いました。左の地図参照。

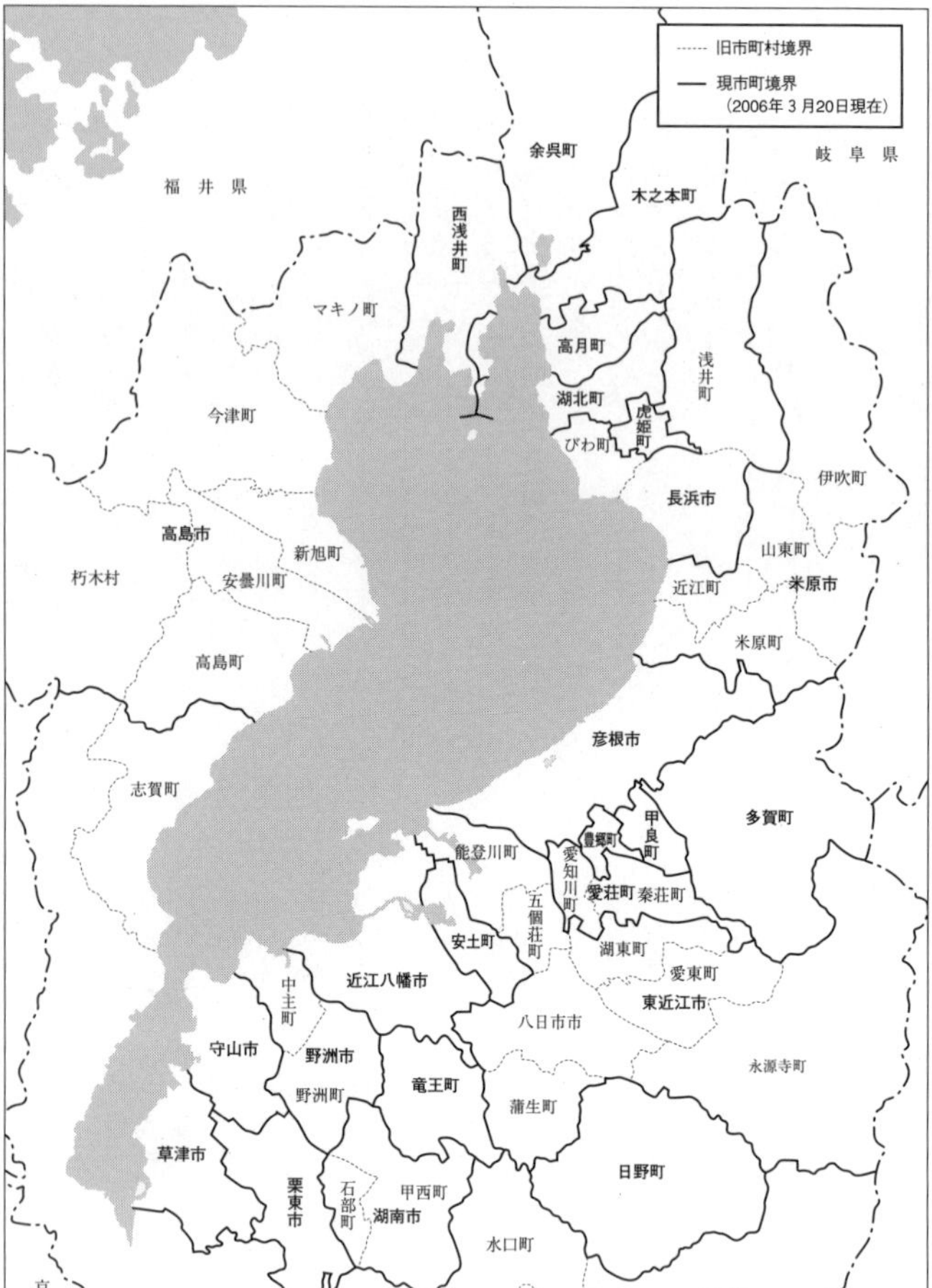

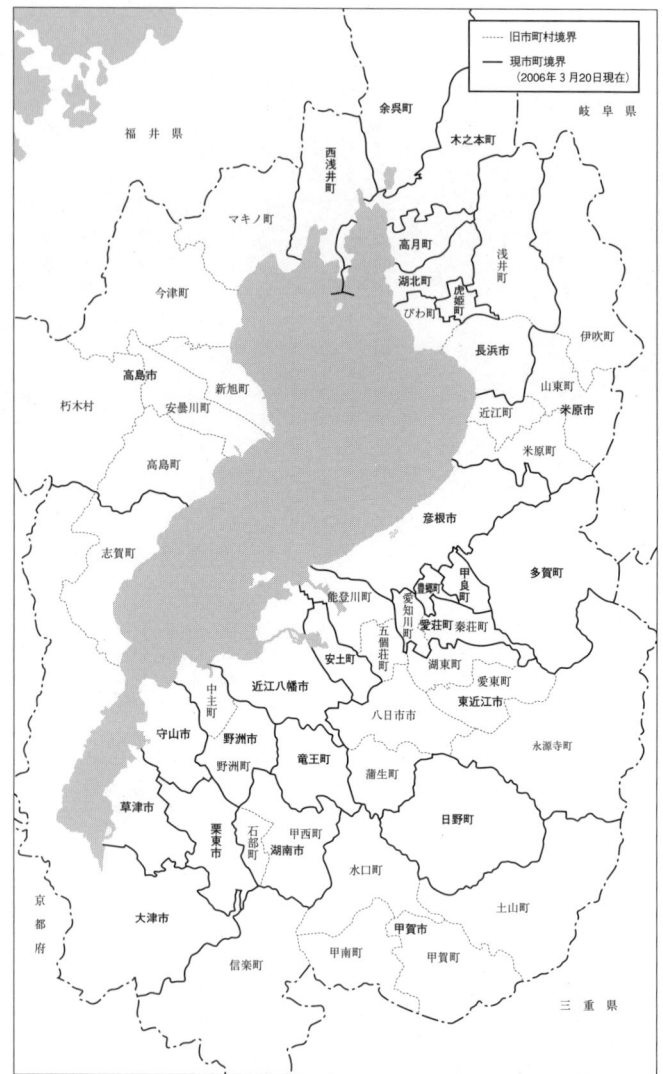

第一章　近江の芋

▲水車型の芋洗い機（大津市葛川坊村町）

▼赤こんにゃく（近江八幡市為心町）

アジアのタロイモ

近江の食の中の芋——その歴史と背景——

日本のサトイモ文化

日本において、サトイモは、コメよりも早く、縄文時代に日本に伝来したと考えられている。コメが伝来する以前は、「雑穀＋芋＋豆」が主要食料であり、サトイモはコメ以前の作物として重要な位置づけがされている。

伝統的な焼畑農耕では、アワ、ヒエ、ソバ、ダイズ、アズキにサトイモを加えた形が多いといわれる。滋賀県北部の浅井町野瀬でも、焼畑で輪作される作物にサトイモが入っていた。野瀬では、サトイモは「ゴチソウイモ」ともいわれ、正月など改まった日の儀礼食に欠かせないものになっている。

サトイモは「里芋」とか、「田芋」とか呼ばれていることから、日本では初期から栽培芋として入ってきたと考えられる。東南アジア熱帯から、東アジアを経て、日本に伝来し、田畑で栽培されるものとして、分布域を広げていった(写真)。その後に大陸から稲作が伝来し、急速に水田が開かれ、農村が形成されていった。日本に稲作が伝来して、サトイモや雑穀が駆逐されたかというと、そういうことはなくて、コメはサトイモや雑穀と共存し、補いあって、人々の食を支えてきた。しかし稲作ができない離島や山村では、サトイモが主食として根づいている所もある。そこでは典型的な餅なし正月が見られ、芋中心の食生活となっている。奈良時代の日本には、すでにかなりの品種のサトイモが存在し栽培されていた。子芋を主として食べる品種や、親芋を主として食べる八頭や唐芋、両方食べる海老芋など多くの品種がある。

タロイモ、ヤムイモ系の根菜農耕文化は、南太平洋のオセアニア諸島、ハワイ諸島まで広がり、巨大なイモ文化圏を形成している。ヤムイモ系芋類（ウビ）は、つる性で熱帯から温帯まで野生種が認められている。ヤムイモで毒性を持つものは、蒸し焼きしてから、水に晒す方法がとられている。ヤムイモの利用圏は、アジアを中心にアフリカからハワイまでひろがっている。日本にも、ジネンジョ、イチョウイモ、ナガイモなどの山芋類が、ヤムイモ系の芋類で、広く分布している。

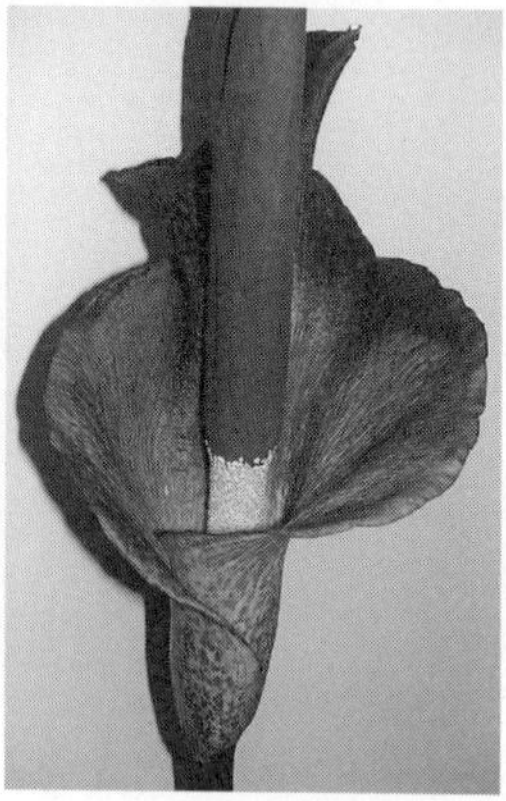

タロイモ系の花（コンニャクの花）。タロイモ系は大きな派手な花を咲かせる

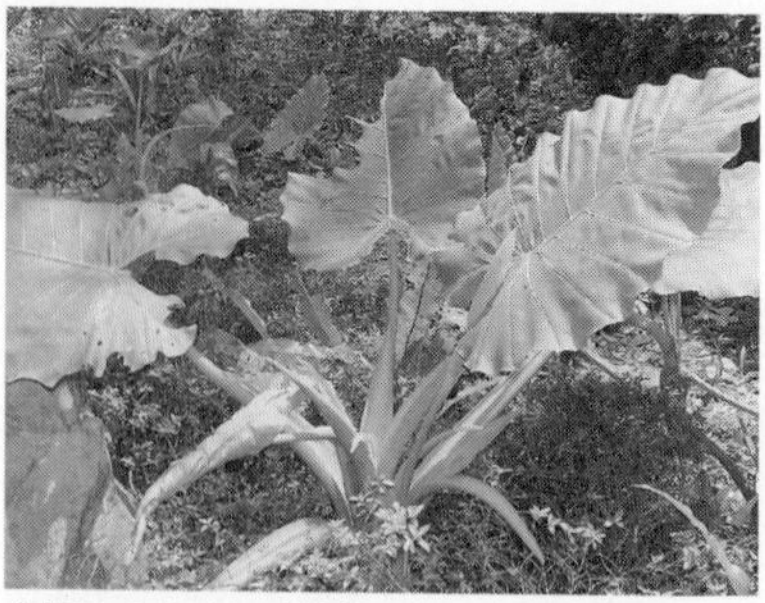

台湾のサトイモ系植物

タロイモは、東南アジアの熱帯で誕生したとされるテンナンショウ科の植物である。マムシグサ、コンニャクも親戚筋であり、舌を刺す蓚酸《しゅうさん》カルシウム成分を含むものが多い。ヤムイモと同じく、加熱後に水晒《さら》しして毒抜きされる。タロイモは、多様な品種から構成され、インドからマレーシア、ニューギニア、オセアニアなどに広く分布している。特にオセアニアでは主食となる芋であり、重要な食料資源である。タロイモ系植物の中で、サトイモ系が最も食資源として重要で、インドのアッサムでは、サトイモを主食にしている地域がある。台湾、沖縄、フィリピンにも田芋があり、水田栽培され、主食になっている。温帯の照葉樹林文化圏には、タロイモ系の中で、比較的寒さに強いサトイモのいくつかが、分布を広げていったと考えられている。（上の写真左）

ヤムイモ系であるヤマイモ類の利用は、日本において、サトイモよりも古いと推測される。台湾に近いバタン諸島ではヤムイモを中心とする農耕儀礼が報告されており、日本においても、農耕儀礼にヤマイモがもっと出てきてもいいはずである。ところが日本の神事にはコメやサトイモが多く登場し、ヤマイモの登場はサ

台湾の田芋

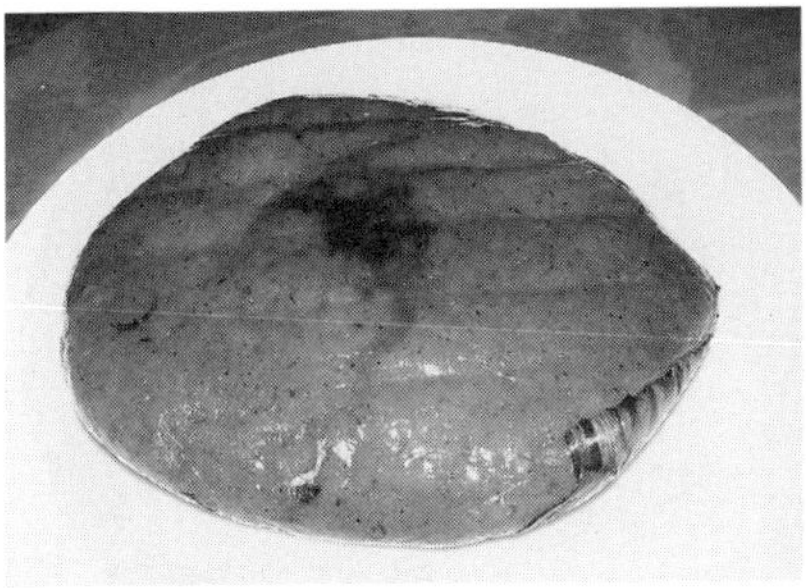

台湾の田芋を使った餅

トイモより少ない。この理由のひとつとして考えられるのは、サトイモが親芋を中心に子芋がたくさんつくところから、子孫繁栄、豊作祈願するのにふさわしいことがあげられる。しかしそれだけではなく、農村における神事が、豊作を祈願する農耕儀礼であるところから、作物の栽培化の度合による差と推測される。すなわちヤマイモは、日本においては野生種もあり、採集型、半栽培型が永く続いてきたのに対して、サトイモはもっぱら栽培型であったからと考えられる。当初からサトイモは、栽培作物として確立したものが伝来し、農耕と深く結びついてきたと考えられる。そして主食のコメを支える雑穀や芋類のうち、生産量、安定性、おいしさの上で筆頭格であったので、オコナイなどの豊作祈願祭には、コメに次いでサトイモの位置づけが高いものになったものと考えられる。

　したがってサトイモは、コメとともに、正月や祭行事に欠かせない食材となってきた。このようにサトイモとコメは切り離されないで、共存している場合が多いことは注目される。特に正月行事における雑煮《ぞうに》は、神饌《しんせん》の直会《なおらい》（供え物を下げて食べる宴《うたげ》）であるこ

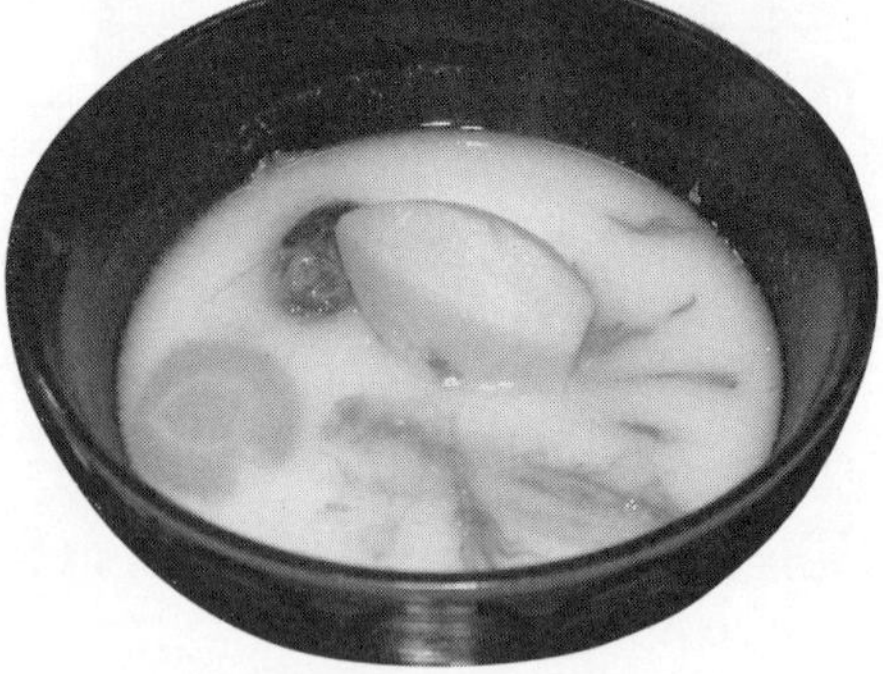

白味噌雑煮とサトイモ

とを考えると、日本における食構造の象徴的な現れである。日本の典型的な雑煮である京都の白味噌雑煮には、丸餅の上にサトイモの頭芋《かしら》がのせられる。滋賀県の湖南から湖東にかけても、サトイモと丸餅の雑煮となっている。正月のお節料理にもサトイモの煮付けは欠かせない一品である。サトイモはコメ以前の主要な農作物であったと同時に、コメが伝来してからは、各種雑穀とともに、コメを支える重要な農作物であった。

滋賀のサトイモ文化

滋賀における芋文化、サトイモ使用とサトイモ文化

滋賀における芋文化、芋栽培や芋利用の実態を明らかにするため、平成八年（一九九六）に「滋賀の芋文化に関する調査」を行った（滋賀大学堀越研究室、回収総数五〇三部、回収率六三％）。その中からサトイモに関する項目について報告する。オコナイにサトイモが登場するのは、図1に示したように、湖北三〇％、湖東六九％、湖南四〇％、湖西三三％であった。特に湖東のサトイモ利用が七

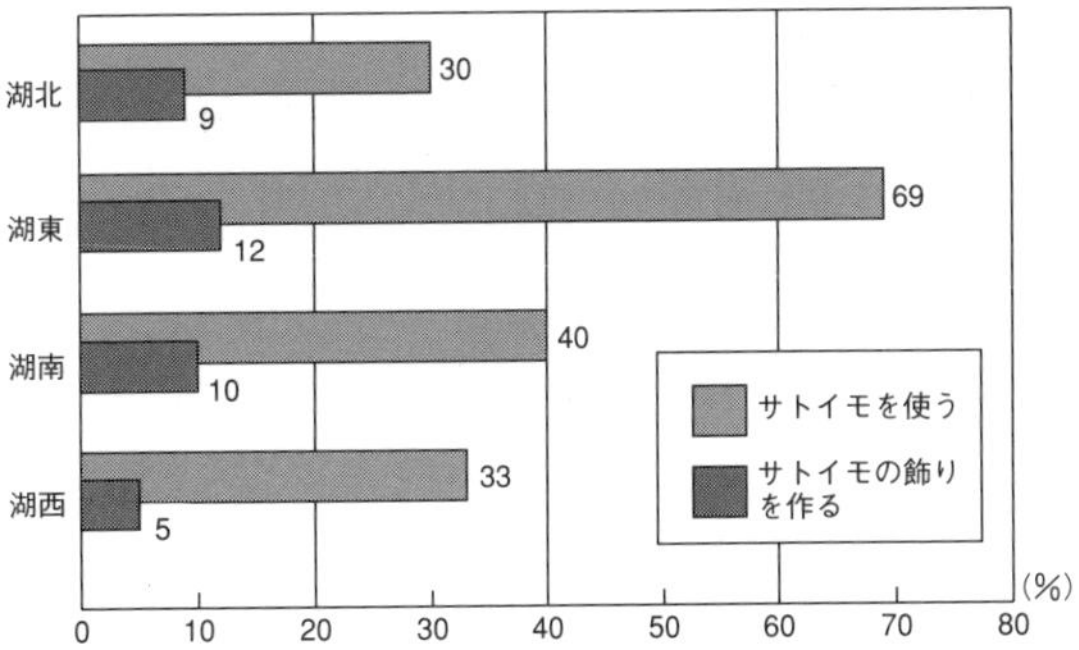

図1　オコナイにおけるサトイモの使用

割近くを示し、他地域より倍近い高さで注目される。湖東から甲賀にかけては、灌漑《かんがい》用ため池も多く、水田の水確保に苦しんできた歴史がある。コメの不作の時の補い作物として、サトイモに託した願いがオコナイ行事にあらわれていると見ることができる。また、湖東ではオコナイで、サトイモを神饌にしたり、飾り（御《み》輿《こし》や竿芋など）に使う所が多いことがわかる。

月見とサトイモ

月見の風習は、中国から伝わってきたものである。サトイモの収穫祭を旧暦八月十五夜の満月の日に行ったところから、芋名月ともいわれてきた。月をめで、掘り起こしたサトイモを煮て、感謝していただくのが月見の行事である。月見にはサトイモの他に、団子、エダマメ、クリ、ススキが供えられる。

滋賀で月見にサトイモを供える風習が残っているかどうかを調べたところ、図2に示したように、湖北で四〇%、湖東一九%、湖南二四%、湖西七%であった。特に湖北が四割と高く、過去に供えたケースも合わせると、六割以上の高率であった。これは滋

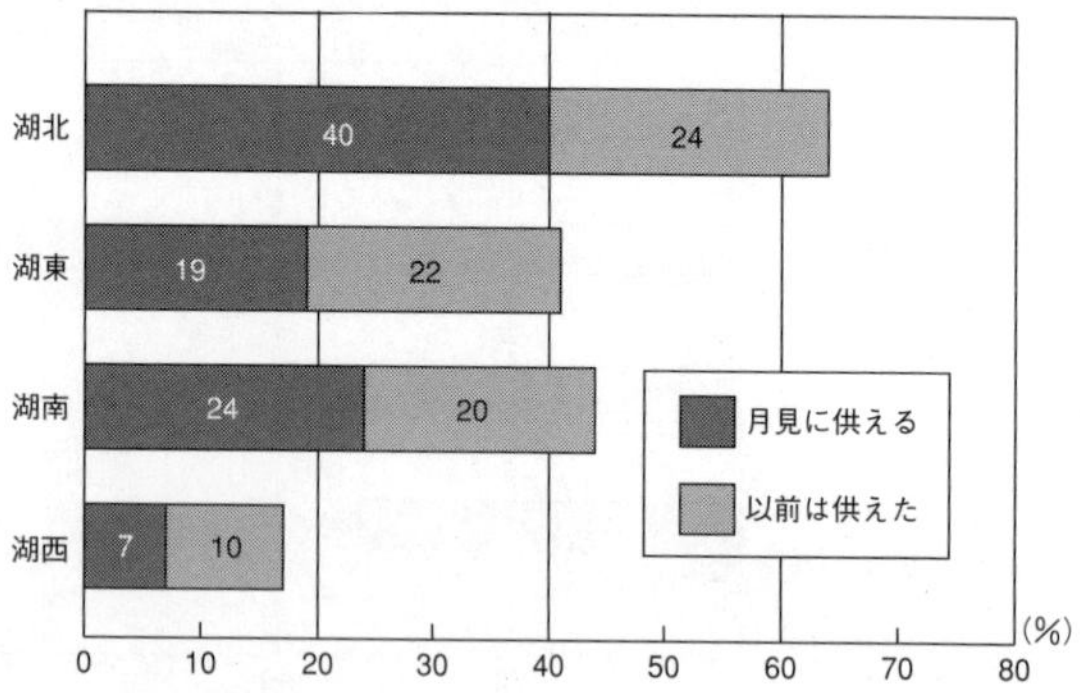

図2　月見におけるサトイモの利用

賀県の中で最も農村部の比率の高いのが湖北であり、味噌や漬物作成率についても他地域より高いことがわかっている。湖北は昔ながらの農村集落が壊れずに残り、伝統行事も継承されており、月見の風習もよく残っていることがわかった。

サトイモ料理

サトイモがどのように調理されて食べられているかを調べたところ、滋賀全域では、味噌汁の具としてが四八%、煮物としてが一六%、一八%がゆでて食べるという結果であった。予想以上に味噌汁の具としてのサトイモ利用が多く、地域的に見ると湖西六五%、湖南六三%、湖東五四%、湖北四〇%であった。煮物比率は、湖西が二五%、湖北二〇%と他地域より高かった。

サトイモを使った伝統料理の食経験比率を、地域別に比較したのが図3である。「芋棒」と「ズイキ酢いり」は各地とも作成比率が高いことがわかる。サトイモ煮や芋棒は正月にお節料理として作られるところから、五割以上の高率を示した。その中でも農村部の多い湖北で全体にサトイモ料理がよく作られていることが

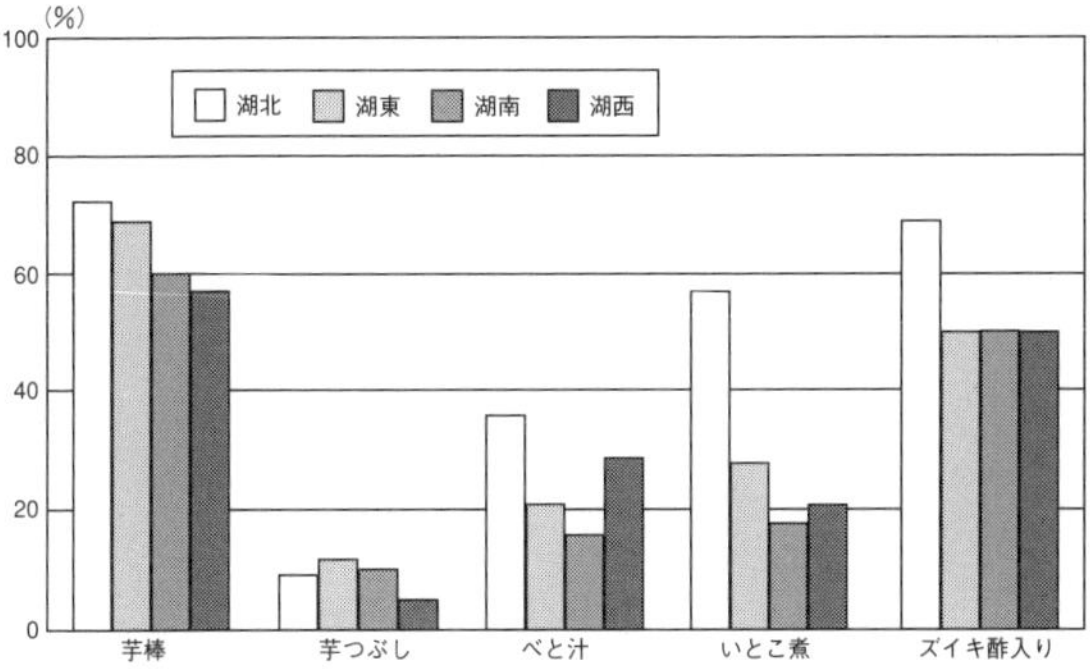

図3　サトイモ料理の地域比較

わかる。「芋つぶし（芋ぼた）」は全体に低いが、湖東で作成比率が高めであった。昔はコメの補い食として、芋つぶしはもっと高率に食べられたと思われるが、現在は一割以下と低率であった。「べと汁」は子芋とズイキの汁であるが、湖北と湖西で高いことがわかる。これも農村比率の高さによるもので、家で栽培したサトイモで「べと汁」が作られることを反映している。「いとこ煮」は地域差が大きく、これも湖北地域の高さが目立った。湖北は農村部が多いが、同時に浄土真宗系の寺が多く、法事やお講で、サトイモと小豆の「いとこ煮」がよく作られていることを反映していると考えられる。

神事とサトイモ

滋賀県の豊作を祈願する祭行事の中にも、コメとサトイモが共存している事例を多く見つけることができる。滋賀のオコナイは、餅オコナイが中心であるが、芋オコナイもある。湖北地方に典型的な餅オコナイが多く見られ、湖東地方ではサトイモが登場するオコナイが、比較的多く残っている。

木之本町西山では、汁オコナイと餅オコナイが続けて行われる。毎年、年頭の二月に、サトイモの葉を刻んで「汁オコナイ」を行い、その後引き続いて「餅オコナイ」が執り行われている。サトイモの葉を乾燥して、刻み、アクを抜き、手間をかけて汁にする。日野町中山の芋くらべ祭では、毎年九月初めに、その年のコメの作柄を、サトイモで占うという面白い行事が残っている。西谷と東谷が田芋を栽培し、その芋の端から葉の先端までの長さを競い合う。西谷が勝つと豊作、東谷が勝つと不作となる。野洲町三上の御上《みかみ》神社のずいき祭には、サトイモの茎「ズイキ」で御輿が作られる。また草津市追分町には「甘酒祭」があるがこの祭は、別名「芋祭り」と呼ばれ、甘酒とサトイモを奉納し、サトイモづくしのご馳走が出る。このように滋賀では、コメとサトイモが神事に深く関わっている事例が多くみられる。

（堀）

芋とくらし

滋賀の芋

滋賀県は良質の米が生産される米どころであったため、水稲栽培に特化していた。肥沃な圃場は水田にして米を栽培し、山地や雑地、やせ地に粟《あわ》、稗《ひえ》、芋を作った。

県内で作られている芋はジャガイモ、サトイモ、サツマイモ、ヤマイモ、コンニャクイモなどである。

ジャガイモが家庭菜園としては最も広く栽培されている。ジャガイモは、地下水位の高い滋賀では販売用にはあまり栽培されてこなかったが、農家は自給してきた。

サトイモは日常の惣菜として、また、正月や仏事の料理としても多用されている。滋賀で栽培されているサトイモは石川早生《わせ》、土垂《どたれ》（「どうたれ」ともいう）、八《や》ツ頭《がしら》がほとんどで、とうのいも（唐のいも、頭いも、とのいもともいう）、えぐいもの他、地域品種も栽培されている。赤いもの一種である八ツ頭は正月のお雑煮に入れたりする。

愛東町鯰江《なまずえ》では正月に、こぶしほどもある親芋とダイコンの赤味噌仕立で「モチヌキ」の雑煮で祝ったという。ご飯茶碗に盛って「カシラになるように」「親になるように」と念じて祝ったが、現在ではモチヌキ雑煮で祝う家はほとんどない。

石川早生は青ズイキのへりに褐色の襟《えり》のようなものがついているところから、俗名を「えりかけいも」ともいう。早生品種なので八月半ばには直径二センチくらいの芋が穫れ、浄土宗の家などではズイキの葉に乗せたりしてお盆のおしょらいさん（お精霊さん。帰ってくる先祖の霊）に供える。

えぐいも、赤いも、とうのいもなどは十一月頃収穫する。えぐいも、土垂は青芋系で小芋がおいしい。赤芋系のとうのいもは親も子もズイキも食べるが、小芋があまり付かず親芋がおいしい。

ズイキは赤ズイキを汁の実や酢の物にする。八ツ頭のズイキは細くて何本も出て柔らかい。ズイキを干して保存した「しょうれん」（方言で干しズイキのこと）は、赤ズイキでも青ズイキでもつくる。青ズイキの時は皮をむき、赤ズイキはそのままでどちらも湯通し（湯をくぐらせる）する。おくどさん（竈《かまど》）を使っていた頃は鍋底が丸くても全体に炎が当たるので、長いまま端から湯に浸け、湯通ししていたが、現代の鍋では適当に切らないとやりにくい。これを編んで干すのである。水で戻して煮物や汁の実にする。

ヤマノイモには野生種のいわゆるジネンジョ（自然薯）と、栽培種であるナガイモ、イチョウイモ、ツクネイモなどがある。ジネンジョは県内山間地で自生しているが、土質によって品質が異なり、花崗岩《かこうがん》系の山では品質が悪く、赤土でないと流通に乗るものはできない。粘《ねん》性が強く、摺《す》りおろして味噌汁でのばし、麦飯にかけるとろろ汁などにする。地上にできるムカゴは、ご飯にいっしょに炊き込んでムカゴご飯として食する。ツクネイモは関西の転作田（粘土質のところ）で栽培されている。「秦荘のやまいも」もツクネイモの一種で地域特産品である。ナガイモは家庭菜園でも作られるが、びわ町などでは特産品として栽培されている。

サツマイモは戦中戦後、食糧不足の時代には主食の代用として、補食として重宝され、芋飯にしたりふかしたり焼いておやつに食べた。伊吹町弥高《やたか》や安曇川町の泰山寺野《たいさんじの》、竜王町山之上《やまのうえ》がサツマイモ産地として知られている。

コンニャクイモは永源寺こんにゃくが有名であるが、愛東町平尾や大津市南端の大石地域などでも栽培されている。（中村）

芋穴

古くから冬季、芋は芋穴で保存していた。伊吹町春照《すいじょう》では畑の小屋の中に約一メートルの深さで畳一畳分ぐらいの広さの穴が芋穴として使われている。コンパネ（コンクリート型枠用合板）で半分に仕切ったところへ藁《わら》を一〇センチ厚さに敷き、その上に籾殻《もみがら》、目の粗い網に入れたサツマイモ、さらに籾殻というように交互に籾殻の中に芋をうずめていく。片方は春までおくもの、片方は当座に使うものとコンパネで分けている。上に籾殻を十分かぶせ、藁を乗せてさらに籾殻の袋を乗せ、上に金網を土の高さに乗せてその上に籾袋を置く。ネズミの害を防ぐためである。木のふたをしてはいけないという。

おくどさんの焚き口の前に三尺の一間（畳一畳分）の広さで二メートル深さにした芋穴を造っている家もある。この中にサトイモもサツマイモも保存する。（中村）

水車型の芋洗い機にサトイモを入れたところ

芋洗い

十月から十一月にかけて掘った青ずいきについたサトイモは、摺《す》り糠《ぬか》（籾殻《もみがら》）を土の上にかぶせた状態で保存する。サトイモは、ジャガイモやサツマイモと異なり、アクに微量の蓚酸《しゅうさん》が含まれる。それが、皮をむくときなどに直接皮膚に触るとかゆくなり、かゆくてかくとかゆみはさらに増す。そのため、昔からサトイモは直接手で皮をむかずに、いろいろな道具が使われてきた。

現在のような単独世帯や核家族世帯でなく、三世代世帯で家族の人数も多かった時代、水路が利用できる場所では小型の水車のような形をした芋洗い機が利用された。（写真）

鉄製の心棒が中心に通った芋洗い機の胴体の中にサトイモを入れて水路に設置する。すると、水の流れを利用して羽根が回ると同時に、中のサトイモが擦れ合って皮がこそげる。こそげた皮は、竹で作られた胴体の竹と竹の隙間から除かれるので、洗い終わると真っ白なサトイモの肌が現れる。

芋洗い機は、地域により大きさや形、羽根の数などが異なり、

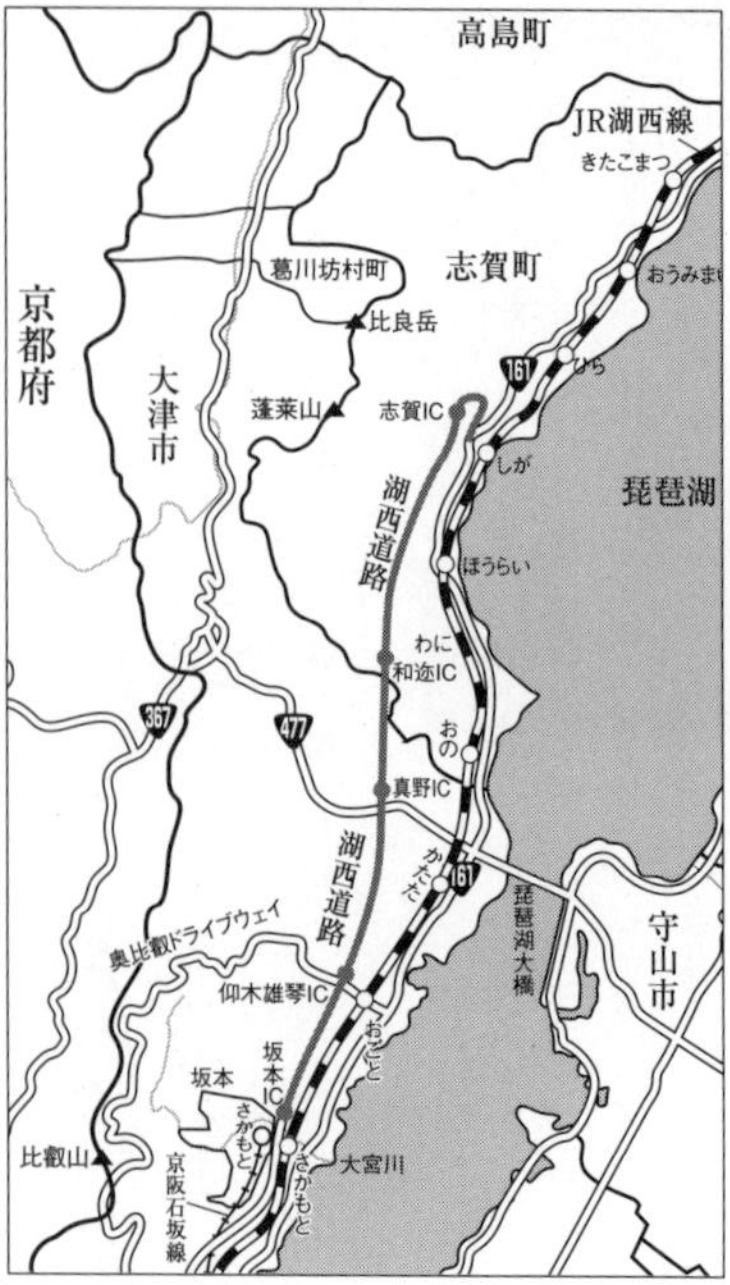

水車型の芋洗い機（大津市坂本）

さらに、水流が弱いところは、回転を早めるために羽根に細い枠を取り付けるなど工夫を凝らしている。芋洗い機に入れるサトイモの量と洗う時間は、水量と水流によるが、量は一・五～二キログラム、時間は二〇～三〇分ぐらいである。

比叡山の東麓に位置する大津市坂本には、大宮川など幾つかの川が流れ、また、この辺り一帯は琵琶湖まで緩やかな傾斜が続いている。長い間、人々は、これらの川から引いた水路を利用してきた。流れを加速させるため所々に段差を設けて、米や野菜を洗い、芋洗い機も使ってきた。現在でも、家の前には五〇～六〇センチ幅の水路はあるが、残念ながら水流は弱くコンクリートで固められたため、芋洗い機は設置できなくなった。坂本では、羽根に枠を取り付けた小型の芋洗い機が残されている。（写真）

しかし、現在も比良山系の豊富な水を利用している大津市葛川坊村町《かつらがわぼうむら》では、サトイモを掘る季節になると、地元で滝川と呼ばれる水路に芋洗い機を設置して利用する。水取り口

縄で縛った二本の棒を攪拌機に用いた「イモコジ」。ただし、写真で洗っているのはニンジン（昭和四十年、草津市北山田町　谷本勇氏撮影、滋賀県立琵琶湖博物館提供）

桶と柄の長い大型の木槌のような攪拌機を用いた芋洗い機（甲南町ふれあいの館蔵）

で水量を調節しているので、滝川には年中豊富な水が勢いよく流れており、芋洗い機は比較的大型で羽根は小さい（11ページ上）。

一方、水路が利用できない地域の芋洗い機は、桶の中に水とサトイモを入れ、いろいろな形をした攪拌機《かくはんき》を使ってサトイモを互いにぶつけ合い皮をこそげる仕組みである。攪拌機には、二本の棒をX型に組んで縄で動かないように縛ったものや、二本の棒の一方を他方にX型にはめこんで固定し、さらに棒の先に板を打ちつけてサトイモがぶつかる面積を大きくしたものなどがある。これらはイモコジと言われ、縄で縛った様式のものは草津市北山田町に広く利用されたようで、人間の力で野菜を洗っていた時代に広く残されていた。さらに簡単なものでは、柄の長い大型の木槌のようなものや、熊手を使うこともあった。

家族の人数が減少し、お正月の煮しめも作ることが少なくなった現在、少量のサトイモを、ミカンなどが入っている網に入れ、ゴム手袋などで擦るか、または、直接皮をむくなどへと変わってきた。そのため、これらの芋洗い機は蔵の奥に仕舞われたか、あるいは捨てられて姿を見ることがほとんど少なくなった。（串）

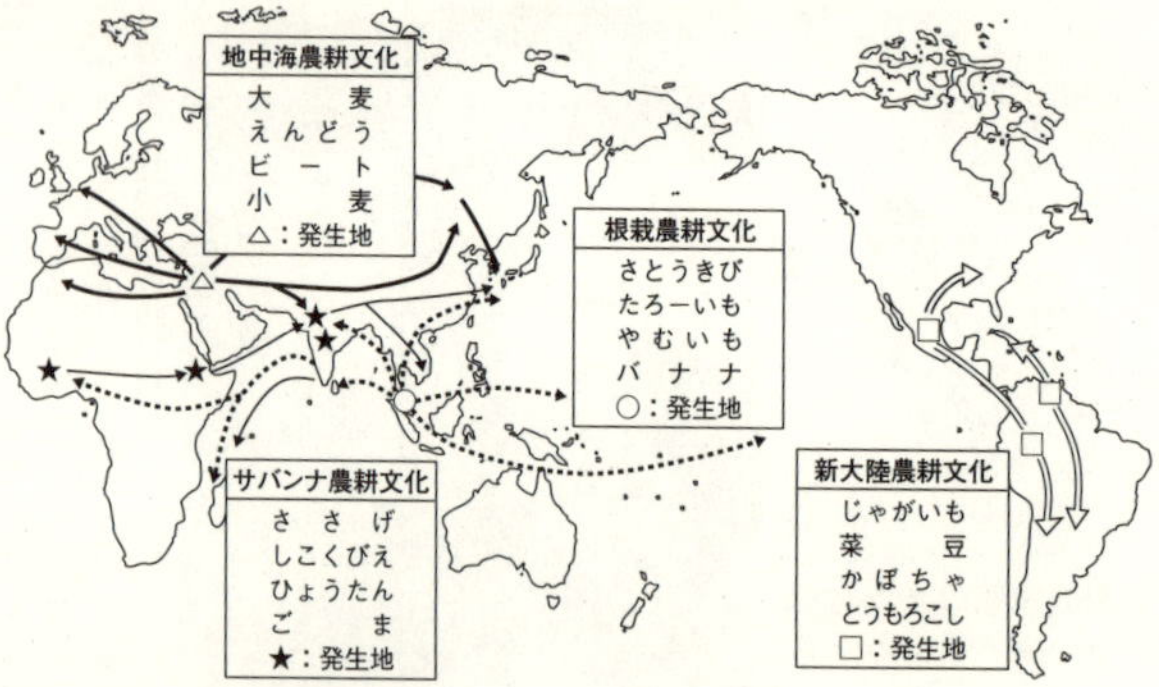

図1　世界の四大農耕文化
中尾佐助著『栽培植物と農耕の起源』岩波新書（1966）より

芋の伝来

植物性食物は、動物性のものに比べ、容易に採取できる一方で、そのままでは有毒であったり、消化性が低かったりするものが多く、栄養価の高いものも多くはない。人間がこのような植物の中から、消化性がよく、栄養価の高い種子や芋類、果実類などの貯蔵組織を選んで食べるようになり、さらに栽培するようになったのは、一番古い場所で約一万年前と推定されている。

こうして始まった人間の農耕は、各々独立した四つの場所で発生したといわれ、これを四大農耕文化という（図1）。四大農耕文化の中で芋が大きな位置を占めるのは、根栽農耕文化と新大陸農耕文化においてである。根栽農耕文化では、芋類と果実類が主であり、穀類、豆類、油料作物は栽培しない。この場合の芋類とは、タローと総称されるサトイモ類とヤムと総称されるヤマイモ類である。一方、新大陸農耕文化は、十五世紀に新大陸が発見されるまで独立して発生していたもので、ここでは熱帯低地型のヤウテイア、キャッサバ、サツマイモや高冷地型のジャガイモなどの芋類の栽培が始まった。

現在日本人が食する芋類は、消費量の多い順に、ジャガイモ、サツマイモ、サトイモ、ヤマイモであるが、新大陸農耕文化で開発されたジャガイモやサツマイモは十六〜十七世紀にかけて日本に伝わった歴史の浅い芋類であり、サトイモとヤマイモは根栽農耕文化を起源とし、日本にも古くから伝わる芋類である。特に、ヤマイモの野生種であるジネンジョ(自然薯)は、日本列島に自生する芋である。「芋」という言葉そのものも、ヤマイモ類に対しての南方系の言葉であるウ、ウビ、ウヒ、ウフィなどの言葉から語形変化したものといわれる。なお、ヤマイモの栽培種が日本に伝わった時期は、鎌倉、室町の頃と考えられている。

ヤマイモの野生種が自生していた日本列島にはじめに伝来したのはサトイモである。サトイモは、根栽農耕文化の起源地である東南アジアからインド東部で野生のタロイモを採集して食べていたものが、次第に遅くとも約四〇〇〇年前までには栽培化され、東南アジア一帯に伝わり、太平洋上のミクロネシアやポリネシア

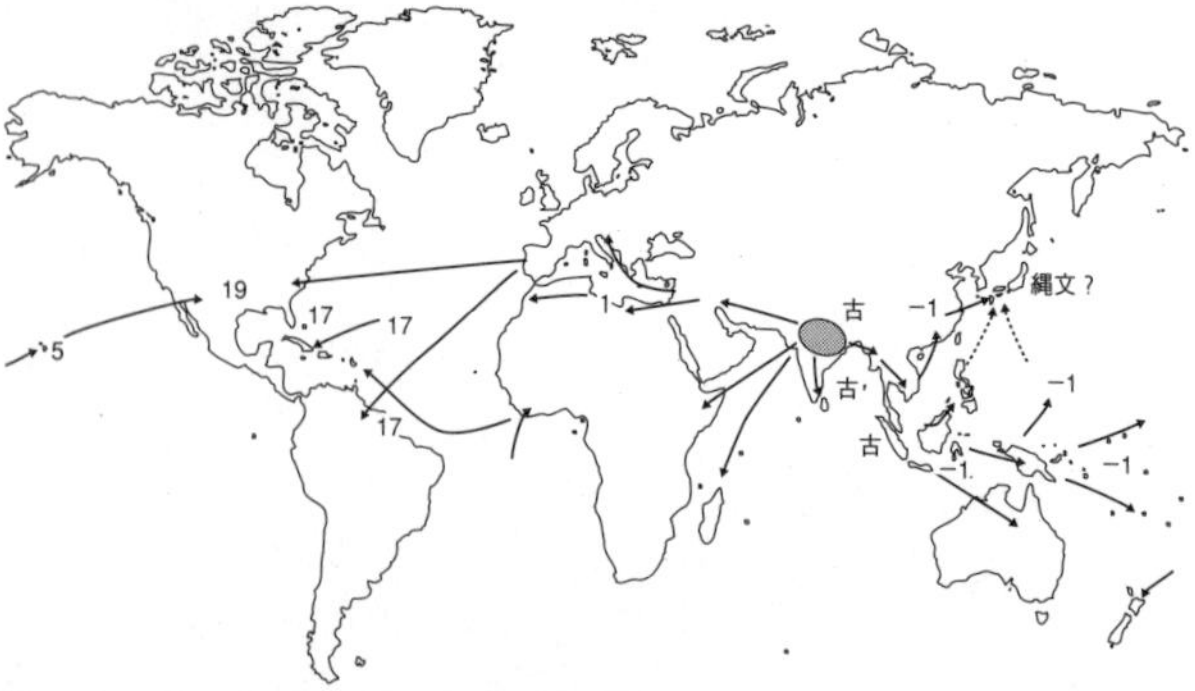

図2　タロイモ、サトイモの世界伝播地図
星川清親著『食用植物の起源と伝播』二宮書店（1978）より

にまで伝わったのが約三〇〇〇年前のことといわれる。現在、起源地である東南アジア各地では副食物程度の地位であるが、ポリネシア、メラネシア、ミクロネシアなどでは重要な主食である。ヨーロッパや新大陸にも伝播し、ヨーロッパでは温室での観賞植物としての利用にとどまっているが、カリブ海の島々やアマゾン流域では現在でも広く栽培されている。こうして古くから世界各地に広まった熱帯性のタロイモの中で、中国や日本に伝わって温帯の風土でも育つことが出来るように変異したのがサトイモである（図2）。

　サトイモの日本への伝来は、中国からとされるが、南洋から黒潮に乗ってきた人が伝えた可能性もある。サトイモは中国では「史記」（紀元前二〇〇〜一〇〇年）に栽培の記録があるが、日本での最古の記録は万葉集であり、以前はサトイモの伝来は奈良時代とされていた。最近、稲作以前に農耕があったという説が有力になり、そこではサトイモが粟などの雑穀や大豆などの豆とともに水田に近い畑で栽培されていたと考えられるようになっている。芋類は時間が経つと完全に腐ってあとかたもなくなるため、籾や玄米を残す稲とは異なり異物として残りにくく、考古学的な証明が困難な植物である。

しかし、サトイモは万葉集のほかにも風土記や正倉院古文書などに食物としてだけでなく、習俗、儀礼に用いられたと記載されていることから、米以前に主食の地位にあったと推測される。現在サトイモはほとんど畑で栽培されているが、沖縄や奄美大島では水田栽培されており、山形県庄内地方でも水田に栽培されることがある。また、四国などの山間部でわずかではあるが焼畑栽培が行われている。これらはいずれも古代のサトイモ栽培、あるいはサトイモが日本に伝来する以前の地域での栽培方法の名残ではないかと見られている。

山野に自生するジネンジョ（自然薯）を掘って食べていたところにサトイモが伝来して住居の周りで栽培するようになるとこれを「里芋」、「家芋《いえついも》」と呼び、野山から取ってくるヤマイモと区別するようになったといわれる。稲作が伝来したとき、米とサトイモを比較すると、単位重量あたりのエネルギーが米のほうが高いことや、サトイモは水分が多く貯蔵性において米より劣ること、さらに食物としての利用のしやすさや汎用性などの面から、主食としてはサトイモより米のほうがまさっており、米が主食の座についたと考えられる。

しかし、その後も稲作が行われている水田の一角やその溝などでサトイモは栽培され、普段は米のおかず的な地位に、しかし稲が不作のときは芋だけでなく葉柄《ようへい》もずいきとして利用できるサトイモは特に重要な作物として位置づけられていたのであろう。ただ、サトイモは種でなくイモによって繁殖する。そのため、縄文時代にすでに島国であった日本にサトイモが渡来するためには渡り鳥などではなく、人間がイモを運ばなければならないことになる。

その他のイモでは、コンニャクイモは中国から仏教伝来にともなって渡来している。一方、ジャガイモは、一五〇〇年代にジャカルタから観賞用として渡来したのがその後飼料とされ、一七〇四年にようやく食用にされた。救荒作物として各地に広がり、天明（一七八二～八七）、天保（一八三三～三九）の飢饉を救い、お助けイモと呼ばれた。さらに第二次世界大戦後、急速に普及した。また、サツマイモは、一六〇五年、中国の福建を経て琉球に渡来し、一七〇〇年前後から西日本一帯に普及した。享保（一七三二）の大飢饉で、サツマイモを栽培していた薩摩や長崎で餓死者が少なかったことから、将軍吉宗が青木昆陽の「蕃薯考《ばんしょこう》」（一七三五）を採り上げ、救荒作物として広めた。

（久保）

さまざまな芋の生育

芋ができる植物

	科	芋になる部分	栽培法
サトイモ	サトイモ科	地下茎	種芋の植え付け
ヤマイモ	ヤマノイモ科	担根体 (茎と根の中間)	種芋の植え付け
サツマイモ	ヒルガオ科	根	種芋から萌芽した 苗の植え付け
ジャガイモ	ナス科	地下茎	種芋の植え付け
コンニャク	サトイモ科	地下茎	種芋の植え付け＋ 貯蔵・植え付け

「芋」と一括して呼ばれるが、本書に取り上げた日本で広く食べられている芋だけに限っても、植物としては属する科も異なり、似ている部分、異なる部分がある。ここでは、個々の芋について述べた他ページの記述と重複する箇所もあるかもしれないが、主に栽培種の生育の面から、その特徴を紹介したい。

サトイモ、コンニャク

上の表に簡単にまとめたとおり、サトイモとコンニャクは同じサトイモ科に属する。芋となる部分は地下茎、「仏炎花《ぶつえんか》」と呼ばれるサトイモ科独特の花を咲かせることでも共通している（ただし、サトイモの花は暖かい地方でしか咲かず、滋賀県では見られない）。

種芋から芽が伸びると、その根本の部分が肥大して親芋になる。親芋の側面から芽が伸びるとその根本が子芋となる。子芋からさらに孫芋もできるが、切り離してしまえば区別できないので、食用では孫芋、曾《ひ》孫芋も合わせて子芋と呼ばれる。「八つ頭」は、親芋と子芋が結合して塊《かたまり》になった品種である。

サトイモのズイキは、茎ではなく、葉を支える葉《よう》柄《へい》と呼ばれる部分である。コンニャクの場合も、地上部分の外見は幹から枝が伸びて葉をつけているように見えるが、これで一つの葉であり、直立した一本が葉柄である。

コンニャクの親芋にできた子芋は生子《きご》と呼ばれ、これが種芋として用いられる。春先に植えた生子（一年生という）は、数倍の大きさに成長し、秋に葉が枯れたものを冬に収穫し、貯蔵する、翌年の春先また植える。これを繰り返し、三年生か四年生で、

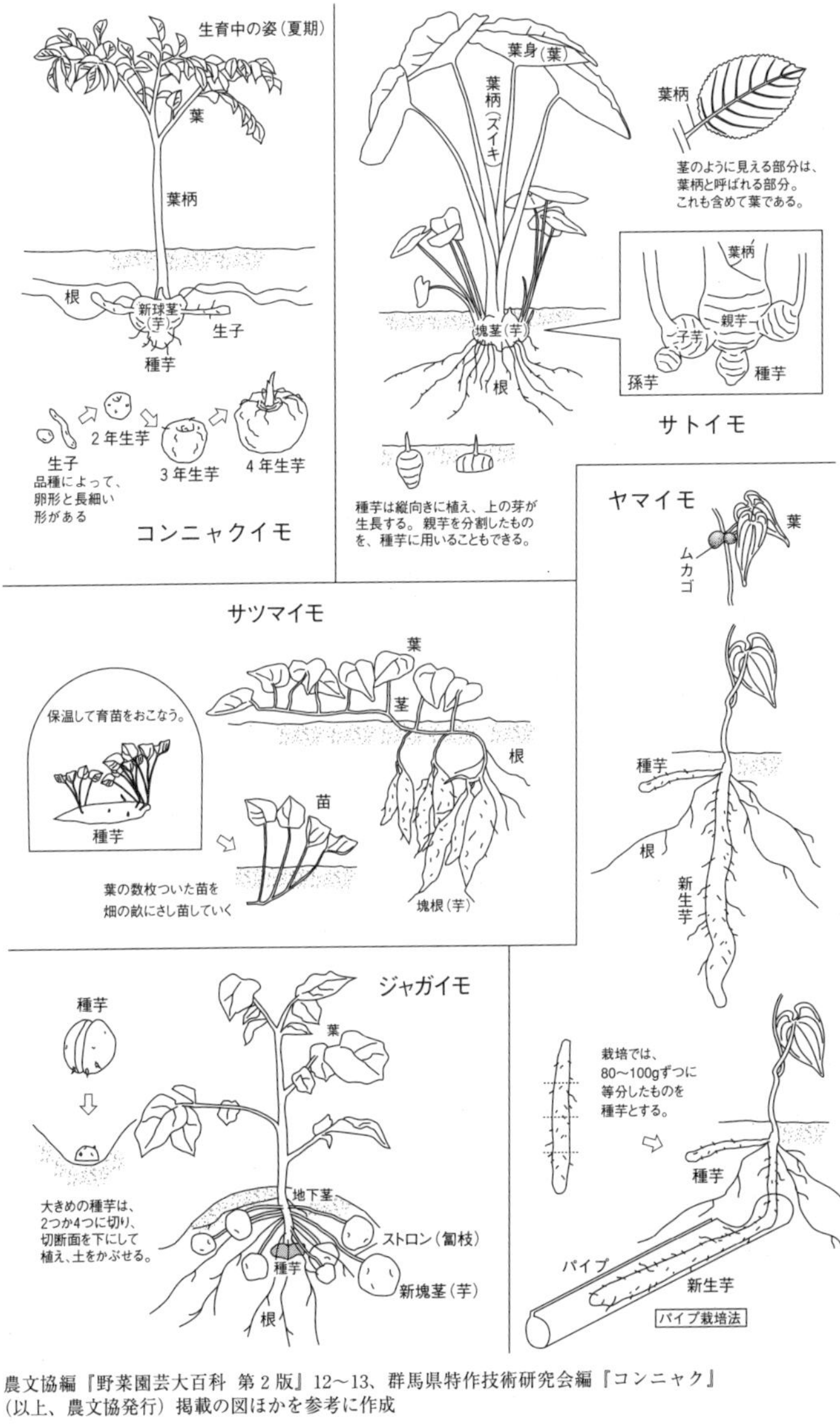

農文協編『野菜園芸大百科 第2版』12～13、群馬県特作技術研究会編『コンニャク』（以上、農文協発行）掲載の図ほかを参考に作成

コンニャクの原料となる。

ちなみにコンニャクの花は四年生以上に初めて咲くため、コンニャク製造用に栽培されている場合、ほとんど見ることができない。受粉のために虫を呼び寄せるため、かなりきつい臭いがする。

ヤマイモ

ヤマイモの芋になる部分は、茎と根の中間的な性質をもった部分で担根体《たんこんたい》と名づけられている（茎と根の区別は、維管束＝水分や養分の通り道の構造によってなされる）。

━━ ；貯蔵期間

1	2	3	主要品種
			石川早生
			在来種
		◇▽〰〰	金時、ベニアズマ
		○〜○	男爵、メークイン
━━	━━	━━	

ヤマイモは多年草であるが、芋そのものは生育をつづけるのではなく、地上部に花をつけた後、新しい芋が肥大していき、反対に前年の芋は消耗して最後には腐ってしまう。こうして年々新旧交代していくのである。

栽培にあたっては、パイプ状の容器を地中に埋めて、新生芋を誘導する栽培方法が普及している。容器は芋をまっすぐな形に生育させるとともに、中に栄養分が少なく（新生芋の生長する土が肥沃だと、生長点が分離して芋が枝分かれしてしまう結果、商品価値が下がる）、無菌の栽培に適した土を入れることも可能にしている。収穫の際に深く掘る必要がないよう、パイプは斜めに設置する。

また、ヤマイモは地下の芋以外に地上部の葉の付け根にムカゴが成長する。ムカゴは地下の芋と同じでんぷんを蓄えた貯蔵・繁殖器官であり、地表に落ちれば、芽を出す。野生のジネンジョではよくつくが、栽培されたナガイモでは稀《まれ》にしかつかない。

サツマイモ

サツマイモはヒルガオ科の植物で、熱帯や亜熱帯地方ではピンク色をしたヒルガオそっくりの花を咲かせる。日本では暖かい地方で稀に咲くが、滋賀県で咲くことはない。日本で結実することはないが、

芋の栽培カレンダー

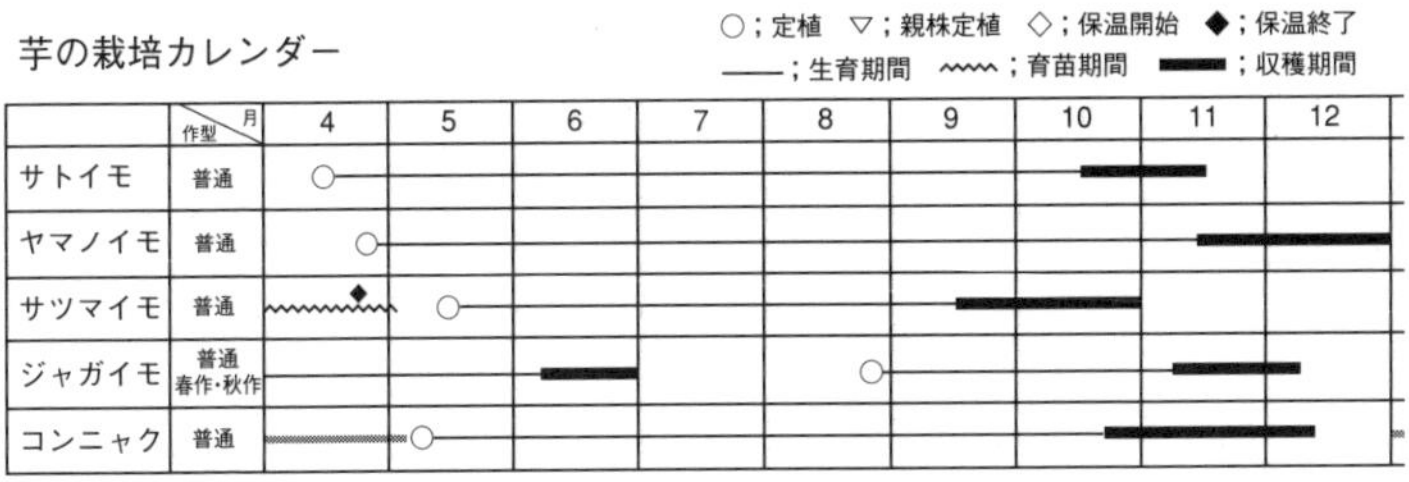

滋賀県農業試験場内はるた会発行『やさい作りは健康家族　家庭菜園』ほかをもとに作成

アサガオ（これもヒルガオ科）そっくりの種子をつけ、種による繁殖もおこなう。

芋は他の芋類とは異なり、根が栄養を蓄えて肥大したものである。

栽培にあたって、他の芋は種芋を直接畑に植え付けるが、サツマイモは冬の間に種芋を保温した苗床《なえどこ》（昔は藁をかぶせたが、今はハウス式）で発芽させ、数枚の葉がついた苗を畑に植える。

ジャガイモ

ジャガイモは、ナス科の植物で、ナスの花に似た花が咲き、小さく硬めのトマト（これもナス科）のような緑色の実がなる。ただし、広く栽培されている男爵イモやメークインは花が咲いても実がつかない品種である。実はキタアカリなどの品種にしかならず、食べても害はないがおいしくない。実の中には微小な種が数百個つまっている。

ジャガイモを掘り起こすと、芋は細長い根のようなものの先についている。これは根ではなく、ストロンと呼ばれる地下茎でその先に栄養分が貯蔵され、芋となる。

芋を二分割または四分割したものが種芋に用いられる。ジャガイモは、種芋を植えてから三～四カ月で収穫できるまでに成長する。春に種芋を植えて夏に収穫する春作（その年の出始めのジャガイモを意味するいわゆる「新ジャガ」は春作の収穫当初のもの）と、秋に植えて冬に収穫する秋作がある。

それぞれの芋の作型図（栽培カレンダー）は上の図のようになる。春作があり一年中どこかの産地のものが出回っているジャガイモを除けば、芋は秋から冬にかけてが収穫期である。

（編）

サトイモ

サトイモの伝来は稲作文化より古く、わが国で栽培された非常に古い作物とされている。万葉集には、蓮葉《はちすば》はかくこそあるもの意吉麻呂《おきまろ》が家なるものは芋《いも》の葉にあらし　長忌寸意吉麻呂《ながのいみきおきまろ》　と歌われ、『倭名類聚抄《わみょうるいじゅしょう》』には「芋」「芋茎」の名も記載されている。時代が下って江戸時代に書かれた『本朝食鑑《ほんちょうしょっかん》』には「芋和名以閉都以毛《いへついも》。今、以毛と訓む。あるいは里以毛ともいう」と記述され、その集解には、植え方や茎の乾かしたものを俗に芋柄、人の咽《のど》を完全に刺激するものがある。これを「蘞芋《えぐいも》」というなどと書かれている。また、八月十五夜の月を賞するとき、芋の子を食べる風俗についても記述している。

また、江戸時代に宮崎安貞が著した農書『農業全書』には芋の種類や作り方、食べ方を記述し、さらに「殊に穀の不足を助け、飢餓を救ひてならびなき物なり。土地の余分ある所にては農家多く作りて、穀物のたすけとなすべし。又冬塩を入れ煮て食すれば、人に薬なり。病を発せずと云へり。」と飢饉のときの備えや薬効についても記述している。

農業は自然に逆らえず、凶作によって起きた飢饉は歴史記録に残るように幾度となく繰り返されてきた。こうした飢饉に備え、穀物に代わって主食となる芋の貯蔵・保存は人々の知恵として早くから行われていたと考えられる。農家で育った筆者は住家の土間の隅に穴が掘られ、保温材に籾殻を入れ、その中に生のまま蓄えられていたサトイモがあったことを記憶している。それを必要に応じて煮て食べていた。日本各地には古くには「芋めし」「サトイモめし」と呼んで、ご飯と一緒に炊き、米や麦の不足の時代、代用にしていた。また「芋餅」といって、サトイモをゆでて搗きあげ、餅のようにして食べていたことや芋を蒸して乾し、さらに粉にして麦の粉と混ぜあわせ食していた記録もある。

サトイモは主食として穀物を補う大切な食料であったことはこうした記録などから歴然としているが、一方でサトイモは古くから食されていたことから、ものの日に用いられ、農耕儀礼や祭礼などに今なお民俗文化として伝わっている。

近江の各地で行われる祭りや神事・オコナイなどにおけるサト

小芋でつくった供物（甲賀市市史編纂室提供）

イモについて詳しいことは別項に譲るとして、湖北の浅井町野瀬にある上森《かみのもり》神社、下森《しものもり》神社で行われるオコナイでは「おしょんぼ」とよんでいる神事がある。それぞれの神社に参内するときの神饌にご飯とサトイモ、ダイコン、ゴボウの三品が供えられる。「芋でござる。ダイコンでござる。ゴボウでござる」と大声で唱えながら神社に参内する。同じ浅井町北ノ郷のオコナイでも「芋・牛蒡・昆布・焼豆腐」の煮付が供えられサトイモは重要な神饌になっている。

また、甲賀町高野にある天満神社では氏子の長男の長寿と一家の繁栄を祈願する行事が正月三日におこなわれる。一年間無事精進した勤当は烏帽子姿で餅と黒もじの木にサトイモで乙鳥《いっちょう》を作り、これを持って、「ひょうひょう」とよびながら神社に参内する。同じ甲賀地域の天台宗東光寺（甲南町杣中《そまなか》）のオコナイでは写真のように藁を束ね皮をむかない小芋でつくったスズメを串にさしたドウとよばれる供物をつくる（写真）。甲南町稗谷《ひえだに》の安楽寺にも竹串に刺された餅やサトイモに飾られた籠が奉納される。

草津市追分町の甘酒祭りは一週間にわたって行われる。その間サトイモばかりの芋料理である。甘酒をコメから醸成し酌《く》み交わす神事のおかずもサトイモづくしである。この祭りはコメとサトイモが主役となっているが、サトイモの位置づけはコメより高いと考えられる祭りである。さらに、日野町中山の芋競べ祭りは重要無形民俗文化財（国指定）、野洲町三上にある御上神社のずいき祭りは無形民俗文化財（県選択）として有名であるが、湖北町速水の伊豆神社においても青物御輿《みこし》が作られその屋根の垂木《たるき》にズイキが使われる。

一方、各地に残る芋名月の儀礼については、項をあらためて記述するが旧暦の八月十五夜行事である。この時期は稲作の豊穣を願う時期と調和しないことからサトイモが主役であったと考えられる。

正月の雑煮には餅はつきものであるが、愛東町鯰江《なまずえ》などには餅抜きの雑煮がみられる。赤味噌仕立ての汁の具はダイコンと椀に盛り上がるほどもある大きな親芋が盛られる。昔から「カシラ」・親になるようにと伝えられているが、織田信長の近江侵攻に対して反信長に組みして落城の憂き目にあった鯰江《なまずえ》城城下の出来事で、新年を祝う気にもならず、めでたい象徴である餅を避け餅抜きの正月風習が始まったと伝えられている。（104ページ参照）

おでんにはたいていサトイモが入っている。そのルーツは田楽《でんがく》にあると言われている。かつての東海道の石部から草津の宿に至る間の草津寄りに目川《めがわ》の郷（栗東市）があった。広重は「目川之里」に菜飯と田楽の有名な「いせや」の店先の様子を描いている。また『東海道名所絵図』や『近江名所図会《ずえ》』にも同じように田楽を売る店・いせやの風景が描かれている。おでんが田楽からはじまった記述は、元禄時代に書かれた『女重宝記』の女詞《おんなことば》づかひの事の中に「田楽はおでんである」とある。田楽は材料を串にさし、味噌をぬって焼くものであったが、豆腐からこんにゃく、サトイモなどの材料へと広がり、串に材料をさしたものを焼いていたが、焼かずに湯で煮て、それに刷毛《はけ》で味噌をたっぷり塗って口に運ぶ。さらに串のない現在の煮込みおでんに変化していったと言われている。それを物語るような行事が石部町にある常楽寺（西寺）の修正会《しゅうしょうえ》においで行われている。豆腐・サトイモ・ダイコンを竹串に刺したおでんが仏前に供えられる珍しい民俗行事である。

サトイモと近江商人にまつわる話が東北の彼方に伝えられている。山形地方で人気のある「芋煮会」は、十九世紀初めの文化・文政時代に山形県に移り住んでいた近江商人たちがニシンとサトイモを煮て紅花取引きの慰労会を行ったとの記録がある。この伝えは定かではないが、当時の近江商人はことごとくが紅花を取り扱っていた。その産地の中心は出羽《でわ》・最上《もがみ》地方で、買い集め、これを上方、江戸に回送して財を築いていったと伝えられている。山形屋・西川甚五郎家、紅市《べにいち》・阿部市郎兵衛家、紅定《べにさだ》・塚本定右衛門家などが紅花を扱ったことからこれらの屋号がつけられたのではないかと考えると、近年ますます盛大に行われているご当地の「芋煮会」は近江と深く関係していたのかも知れない。

近江は江州米の産地としてその名を馳せているが、稲作と共に人々の暮らしは鏡餅や粽《ちまき》などに見られるように米・餅の文化へと変わってきたが、今に伝わる近江各地の神事・オコナイ、祭りなどには鏡餅と共にサトイモの存在も大きい。このことは稲作以前、いつの頃か分からないがサトイモが人々の暮らしに大きくかかわっていたと考えられる。サトイモが主食として重要な作物であって、その収穫に感謝と豊穣を祈ったと考えられ、こうした中で培われたサトイモの文化が近江には今も根強く引き継がれている。

（長朔男）

湖東町の「清水芋《しゅうず》」

聖徳太子が百済寺《ひゃくさいじ》（愛東町百済寺）を訪れた時、北清水《きたしゅうず》（湖東町）あたりでつくっているサトイモを食べ、大変おいしいと喜んだ。以後、「太子《たいし》芋」、「太《た》芋」（本来は田んぼでつくられるから「田芋」）と呼ばれるようになったという。この伝承をもつ湖東町北清水と隣接する南清水、大清水で穫れるサトイモは、「清水芋」と呼ばれてきた。

東に聖徳太子によって創建されたと伝わる百済寺がある湖東町には、「聖徳太子が百済寺へご参詣になった時」で始まり、地元の産物や史跡と結びつける太子伝説が非常に多い。湖東町横溝の特産「横溝納豆」は、太子がこの地でご休憩になり、お乗りの馬のエサに用意した大豆が余ったので、藁のつとに入れて溜池《ためいけ》そばの木の枝にかけておいたところ納豆になったのが始まりという。

清水芋は集落周辺の水田に隣接した畑で栽培され、煮ても包丁

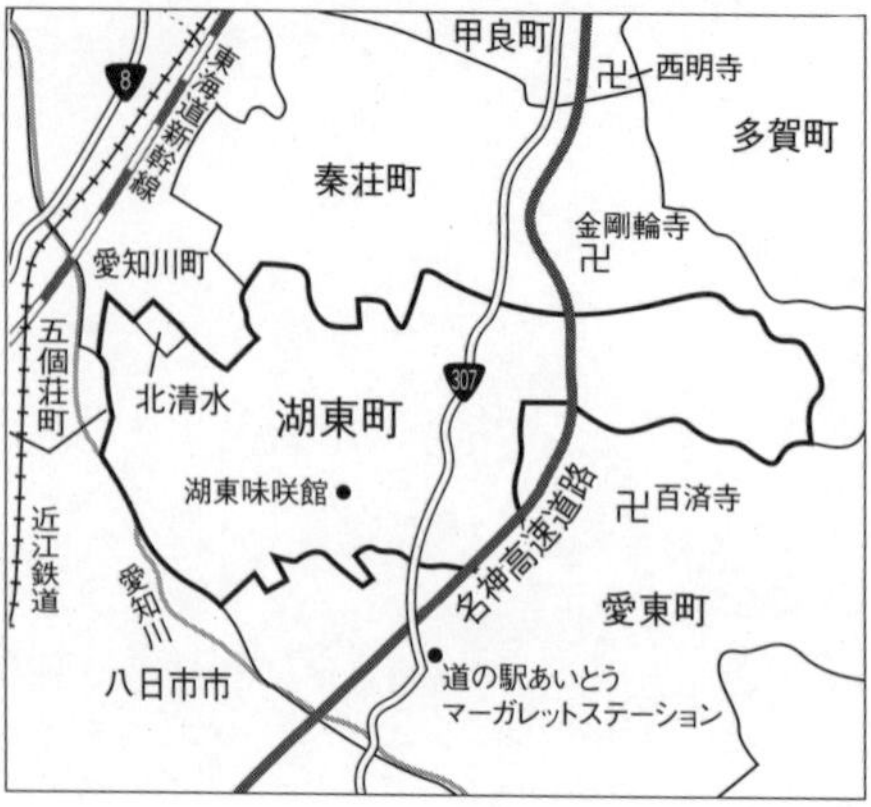

清水芋の収穫を伝える新聞記事（中日新聞滋賀版、昭和六十三年十月十五日付け）

中日新聞
昭和63年（1988年）10月15日（土曜日）

『清水芋』収穫始まる
湖東町が特産品復活へ試作栽培
各地のイベントに出品

収穫が始まった特産の「清水芋」
＝湖東町北清水で

の角が崩れず、しかも粘質に富んでいるのが特徴である。

　北清水の農家は、昭和十年頃まではサトイモを行商して歩いた。収穫して洗った芋を「まいらせ」（物を入れて担う籠《かご》の方言）に二〇～三〇キログラム入れ、天秤棒で担いで運んだ。「まいらせ」はどこの家にも一つは必ずあったものである。

　芋の計量には枡を用い、一升枡と五合枡をまいらせに乗せていた。これに芋を山盛りにして、こぼれ落ちた芋もおまけしたという。販売先は八日市、五個荘、能登川方面が中心であった。

　戦後、サトイモは農家の自家消費用として作り続けられるだけとなったが、昭和五十九年（一九八四）、減反による転作田の利用法を検討していた湖東町が、「清水芋」の特産化に取り組むため清水芋生産出荷組合を設立した。「湖東三山」（百済寺、金剛輪寺、西明寺）の土産品店で販売すると好評を博し、県の農業祭や彦根城お城まつりなどのイベント会場、農産物販売施設「湖東味咲館《みさき》」などで販売されている。昭和六十二年からは、郷土の特産物を使った献立として、町内小学校の給食に清水芋を用いた「サトイモの味噌汁」が登場するようになった。［第四章扉写真を参照］

（中村）

地搗《じづ》き歌に登場するサトイモ

湖東町教育委員会編『湖東町のむかし話』に、「溜池《ためいけ》地搗き歌」として次の歌詞が掲載されている。

畑の小芋と
　いものかんからかんの娘
　　あーかんからかんの娘
ともに　首ふりふり
　子ができた
おもしろや
　いよの　ひょうたんよ
　　よっさよ　よっさよ
　　　よっさよ　よっさよ
嫌や　嫌と　畑の芋は
はあ　畑の芋
　かーぶり　ふりふり
子ができた
おもしろや
　いよの　ひょうたんよ
　　よっさよ　よっさよ
　　　よっさよ　よっさよ

湖東町から八日市市、蒲生町にかけては、古来、水に恵まれず、田の灌漑《かんがい》用の溜池（貯水池）が数多くつくられてきた。溜池の維持のためには、毎年春先までの晴れた日に、水をぬいて堤（土手）を搗き固めて補修する「溜《ため》普請《ぶしん》」と呼ばれる作業を行わなければならない。ヒョウタン形の石のくびれた部分にフジのつるを巻き、それに結んだ何本もの縄を一本ずつ大勢で持って、一斉に縄を引いて石を持ち上げ、

溜普請の地搗きのようす（湖東町のイベントでの再現。野村宗一氏撮影）

縄をゆるめて石を堤に打ちつけることを繰り返すのである。皆で調子を合わせるために、先にあげたような地搗き歌が歌われた。

サトイモの葉がゆれるさまと、身持ちが固い娘が恥じらう姿をかけた歌詞はいわゆる猥歌《わいか》の一種だが、豊作祈願の意味も込められている。

『湖東町のむかし話』の別の項（「南花沢の溜普請」）に掲載されている地搗き歌は、歌詞が若干異なっている。

いやだ　いやだと畑の芋は　あー畑の芋は
かぶり　ふりふり　子ができる　面白や
伊予のひょうたんよう　よいさ　よいさ　よいさ

こちらでは「いよ」に「伊予」と漢字があてられている。「いよ（伊予）のひょうたん」という言葉の由来には二つの説がある。①豊臣秀吉が大坂城の石を伊予国（愛媛県）から運ぶとき、船の喫水《きっすい》を浅くする（船を軽くする）ため、船の側面にヒョウタンをつけた。②豊臣秀吉が大坂城を建てたとき、各地の大名は競って巨岩を運んだが、伊予国にはたいした石がなく、ヒョウタンくらいの石をかけ声勇ましく運んだ。二つとも、ヒョウタンから、戦陣の馬印（大将の所在を示す目印）に千成瓢箪《せんなりびょうたん》を用いた豊臣秀吉につながったと想像されるが、「いよの」は単なるかけ声であろう。山東町柏原で採集された歌詞は「ひょうのが　ひょうたんヤッサイ」と「いよの」ではなくなっている。

このように最後が「ひょうたんよ」というフレーズで終わる地搗き歌は、湖東地域を中心に、北は山東町、西は志賀町辺りまで広がっている。

溜池の補修ではなく、家屋の地固めのさいの歌として、守山市小浜町で採集された歌は、もっとあからさまに性交と地面を搗く行為をかけている。

ここついてたもれ／ここつかなきゃ子ができん
（中略）いややいやじゃと　畠のイモは／かぶ
りふりふり　子が出来る

他にも、志賀町北小松で採集された歌詞は、

おおばばあどこへ行きゃる／三升だる下げて／
嫁のざいしょへ孫抱きに　オモシロヤー／イヨ
ーノー　ひょうたんじゃよー／ああ山こせ谷こせ

といった具合である。

（編）

湖北町速水の八朔祭りで作られる青物御輿

芋ズイキ

秋深くなると、畑でサトイモの茎（植物学的には「葉柄《ようへい》」と呼ばれる。葉と芋をつなぐ部分）が伸び、緑葉が傘を広げたように大きく育つ。白露の玉が葉の上にコロコロとのって、それが光って見える。昔、露をすずりに受けて字を書くと字が上手になると聞いたことを思い出すが、この露がサトイモの葉柄の別名であるズイキの由来にもなっているそうだ。南北朝時代の臨済宗の禅僧で、各地を遍歴したのち後醍醐天皇や足利尊氏らの信仰を受け、京の南禅寺住持となった夢窓国師《むそうこくし》が詠歌の一つで「芋の葉にをく白露のたまらぬはこれやずいき（随喜）の涙なる覧《らん》」と、葉にのった露を随喜（他人のなす善を見て、喜びの心を生ずること。転じて、心からの大喜び）のあまりにこぼれた涙に見立てたことからといわれる。

ただし、語源としては、髄《ずい》（中心）から出た茎＝髄茎《ずいき》が略されたとする説の方が自然だろう。

毎年九月一日、湖北町速水《はやみ》にある伊豆神社で行われる八朔《はっさく》祭りでは、神社の式年や国の祭典など特別な行事がある年のみ、青物《あおもの》

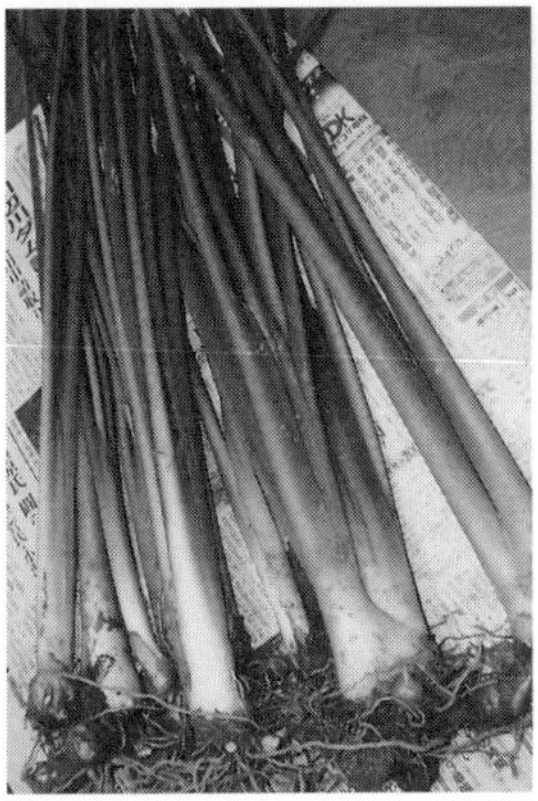
八つ頭の赤ズイキ

御輿《みこし》が奉納される。区民は春から野菜作りに精を出し、一カ月ほどかけて祭りの準備に取りかかる。神饌《しんせん》には芋ズイキが上がり、青物御輿の屋根に二百本もの芋ズイキが飾られた。五穀豊穣を願う祭りが今なおここに残されている。祭りには青い茎と芋に通じる太い部分がひさしの飾りを支えていた。

ズイキは成長しすぎると硬くなるので、まだ若い初夏の頃が食用としては旬である。濃緑色の青ズイキと赤紫色の赤ズイキの二種類がある。青物御輿に用いられる青ズイキは太めで分厚く、「えぐみ」も強い。親芋は食用に向かず、多数つく子芋、孫芋がいわゆるサトイモとして利用される。

食用としては比較的細く、柔らかで、えぐみも少ない赤ズイキの方が向いているといえる。芋はヤツガシラと呼んで、一つひとつの芋にズイキがついてのびている。赤ズイキの芋には子芋はつかない。

生は味噌汁の具や酢の物に

赤ズイキは芋とともに味噌汁の具としても使われる。昔は鍋を囲炉裏《いろり》に前日からかけて味噌汁をじっくりと煮た。現在でも前夜に味噌を入れておいて決して鍋のふたをとったり汁の中をかき回したりしてはいけない。ふたを取ると鍋の雫《しずく》が落ちて、「えぐみが出る」と言われている。

保存食として重宝する干しズイキ

赤ズイキ、青ズイキ、どちらも干しズイキに用いることができる。赤ズイキは皮をむかずにそのまま干せるし、青ズイキは細く裂いて乾燥させる。どちらも一年中の常備食として大切に使われてきた。干しズイキは、関東などでは「イモガラ」、湖北では「ショウレン」とも呼ばれる。

ズイキは採取して一〜二日、筵《むしろ》や米袋に包んでおき、それから皮をむく。太い茎は木綿《もめん》糸で裂く。親指と人差し指に糸をかけ、片方の手に茎を持たせ、下から上へ突き抜ける。木綿糸で四本ほどに茎を裂く。細い茎を何本も作る。これを藁《わら》やひもで編む。雨のかからぬ軒下に吊るか、平らな網カゴなどに入れて乾燥させる。二十日程度干すと薄茶色を帯びるので、乾いたことを確認して保

しょうれんを軒下に干す

干しズイキを乾かし終えて、長さ３cmほどに切ったもの

干しズイキを水に戻したところ

存する。干しズイキは、三センチほどにハサミで切り、空缶や、網の袋につるしておくと、用いる時に便利である。

サトイモの緑の葉を、ズイキといっしょに干しても食べた。葉の根元をひもでくくり、茎とともに天日干しにし、ともに煮物に使った。

近年では干しズイキが吊るされた光景に出会うことも少なくなったが、湖北ではわりあい多く見かける（前ページ写真）。近年でも弘法大師《こうぼうだいし》（空海）のお祭りには、干しズイキを輪に丸めて袋づめで売る露天を見かけることがある。

出産時には常備

また、干ズイキは昔から「古血をおろす」といわれ、出産後の女性が必ず食べた。赤ちゃん誕生とともに疲れ切った産婦の体の中をきれいにし、新しい血が作られていくように、すぐに干しズイキが炊かれた。昔は家庭で出産することがふつうだったため、どこの家でも干しズイキを常備していた。姑から嫁へ、嫁から娘へと言い伝えられ、今でもその習わしを守っている家庭もある。

干しズイキを戻し、雑魚《ざこ》やするめをだしにして、油揚げとともに煮る。乳の出をよくするために、琵琶湖のフナを買い、フナの味噌汁の中にも干しズイキを入れた。干しズイキは鉄分やカルシウムを多く含み、栄養学的にも利にかなった習慣なのである。

（肥）

兵糧《ひょうろう》となったズイキ

同郷の生まれで母親同士が血縁関係にあった豊臣秀吉に、元服をすませてすぐに仕えた加藤清正は、戦国時代、江戸時代を代表する武将である。秀吉が柴田勝家と信長の後継を争った賤ヶ岳《しずがたけ》の合戦で「七本槍」の一人に数えられ、大名へと出世する。

清正は天正十六年（一五八八）、肥後国（熊本県）北半分の領主（南半分は小西行長）として入国、当初は前領主の居城をそのまま使用していた。関ヶ原の戦いでは徳川方につき、戦後、小西の領地も合わせて肥後全国を領有することになる。慶長六年（一六〇一）に築城に着手、この際、清正は石垣普請に長《た》けていた近江の石工を招いた。石垣の上部になるにつれて反り返り、簡単には登れない構造の石垣、いわゆる「武者返し」はその技術によるものである。

慶長十二年、熊本城が完成する。この時、清正は、屋内の畳の床《とこ》（イグサで編んだ畳表ではさんだ、中の部分。通常は藁を重ねて麻糸でしめたもの）にズイキを用い、壁にはカンピョウを塗り込めたと伝わる。

これは、籠城《ろうじょう》戦に備えたもので、蔚山《ウルサン》籠城での苦い経験がその背景にあるとされている。

秀吉による朝鮮出兵で、清正は文禄元年（一五九二）四月に釜山に上陸、翌月には京城（現ソウル）を占領する。再び慶長二年（一五九七）、一番隊の司令官として渡海。日本軍は朝鮮南部をほぼ制圧したが、食料不足と明・朝鮮軍の反撃などによって、後退を余儀なくされた。せめて慶尚道だけでもと、蔚山に築城することになり、縄張りは清正が担当した。しかし、十二月に明・朝鮮軍の急襲を受ける。別の城にいた清正は報せを受けて救援に向かい、兵も食糧も不足したなかでの籠城戦となった。敵の攻撃ばかりでなく、寒さと兵糧不足で多くの兵が死に、さすがの清正も正月に遺書を書き残したほどだった。翌日、日本の援軍がようやく到着し、一月四日に包囲軍を撤退させ、清正はどうにか一命を取り留める。

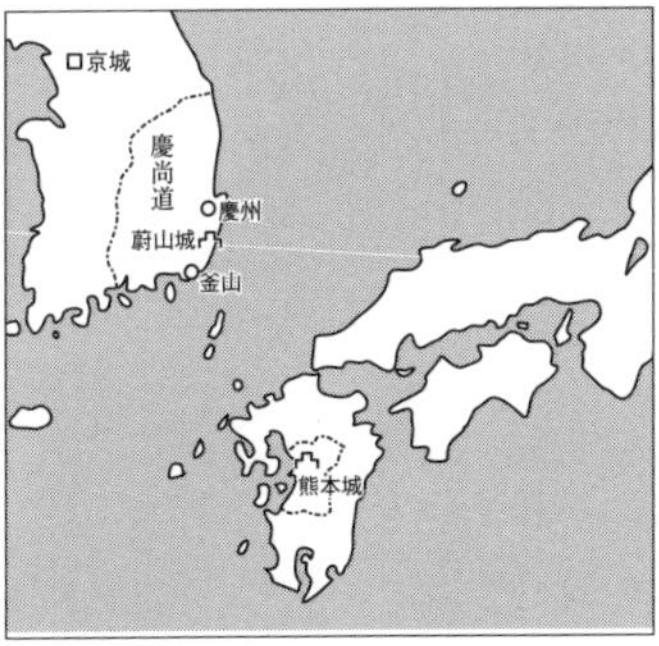

結局、熊本城は江戸時代を通して一度も戦乱を経験しなかったが、明治十年（一八七七）に西南戦争で天守閣は焼失してしまった。現在の天守閣は、昭和三十五年（一九六〇）に復元された鉄筋コンクリート造である。

雑兵《ぞうひょう》（足軽、荷運びなど身分の低い兵士）三十人余りが実際の戦場で仲間と体験を語り合う形式で、具体的な心得を説いた書『雑兵物語』［天和三年（一六八三）以前の成立。作者不詳］には、「八木五蔵」（八木は「はちぼく」と読み、米の意）と名づけられた男が、兵員の食糧と馬のエサについて語る部分でズイキが登場する。

敵地ではあり、また味方だといっても油断はできねえ。こういうときは食いもんに困って、味方からでも奪いとるもんだ。間抜け面をしていて盗まれるな。現に小荷駄の馬が二頭、荷をとられて空馬になっている。

その荷縄や桟俵《さんだわら》は捨てねえで、よく始末しておけ。荷縄は里芋の茎（＝ズイキ）を縄になって味噌で煮たもので荷をくくってきたから、刻んで水に入れてこね回せば、汁の実になるべえ。（現代語訳は吉田豊氏）

朝鮮での虎退治をはじめ逸話の多い清正だけに、ズイキの畳の話も後世の創作の可能性がないわけではないが、合戦の場でズイキが用いられていたのは確かだろう。（編）

ヤマノイモ、ナガイモ

とろろ汁、とろろそば、マグロの山かけは、いずれも粘りが愛されて、日本人の好物となっている。とろろなどにする芋は、植物学上はヤマノイモ科、ヤマノイモ属に属する *D.japonica* THUNB.（和名ヤマノイモ、別名ジネンジョ）、*D.opposita* THUMB.（和名ナガイモ、別名ヤマイモ）、*D.alata*（和名ダイショ）の三種類である。いずれもつる性多年生植物で地上部は一年生、地下に芋を作る。ヤマノイモの仲間は、世界的には熱帯と温帯に野生種がみられ、野生種が採取利用される他、たくさんの種類が栽培利用されており、食用とされるのは約五〇種である。日本で主に食用として利用されるのは、ヤマノイモとナガイモの二種類であり、熱帯原産のダイショも一部で導入され栽培されている。

ヤマノイモは、台湾から日本にかけての山野に自生し、長く栽培は難しいとされ、専ら野生種が採取利用されてきた。われわれになじみの芋類の中で唯一日本原産であり、日本人が最も古くから食べてきた芋である。山野に自生することからジネンジョ（自然薯）と呼ば

ヤマノイモ、ナガイモの分類

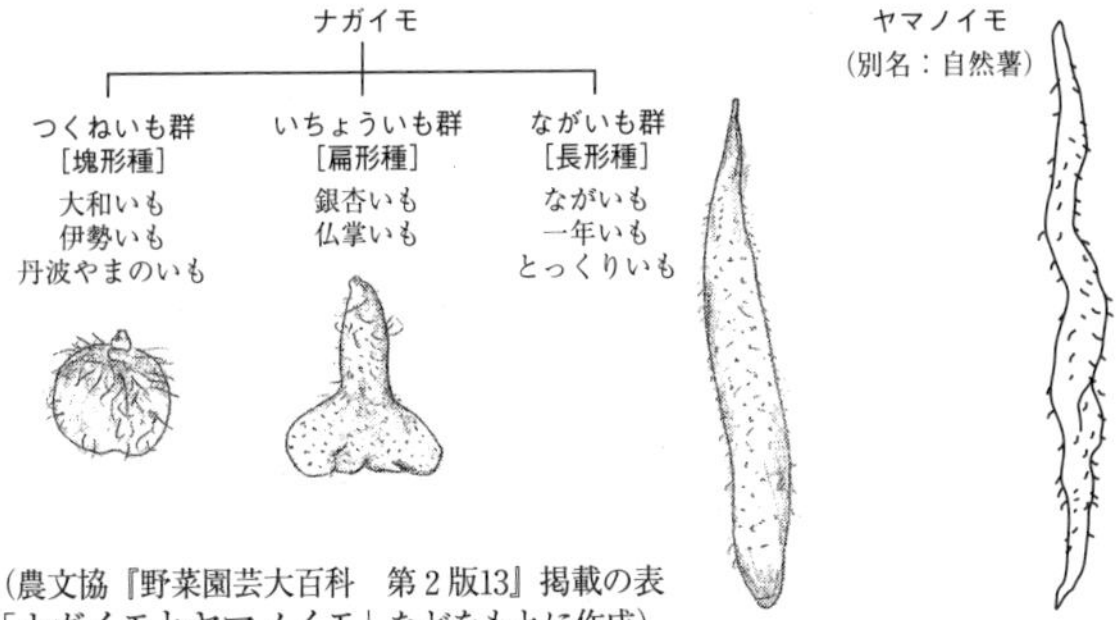

(農文協『野菜園芸大百科　第２版13』掲載の表「ナガイモとヤマノイモ」などをもとに作成)

れ、粘りが強いことが好まれ、滋養の食として大切にされたきた。山に分け入って掘り出す作業は大変であるが、ジネンジョ掘りは山のくらしの中で冬の楽しみとされてきた。近年では栽培も行われている。

　ナガイモは中国原産とされ、栽培種が日本に伝わり、各地で栽培・利用され日本人にはなじみが深い。品種は芋の形状で分類され、長形のながいも、扁形のいちょういも、塊形のつくねいもがある。星川清親氏によれば、ながいもが基本型で、長い栽培の間に品種分化したと考えられるとのことである。ながいも群にはとっくりいも、いちょういも群には仏掌《ぶっしょう》いも、つくねいも群には大和いも、伊勢いも、丹波やまのいもと呼ばれるものがある。

ヤマノイモ類の名称は、植物学上の名称と野菜としての呼び名が異なって用いられてきたことや、地域によって古くからの呼び名が異なる場合もあったため、かなり混乱している。実物を見ても、食べてみても素人には区別がつきにくい場合もあるのでさらにややこしい。ヤマノイモの仲間の総称は、植物学的には、ヤマノイモであるが、一般にはヤマノイモとヤマイモの両方が用いられている。ヤマノイモ、ナガイモは、それぞれ別名のジネンジョ、ヤマイモで呼ばれることもある。「いちょういも」や「つくねいも」は長くないのに植物学上の種名はナガイモであるが、ナガイモと呼ばれることはほとんどない。ヤマノイモの自生種だけをジネンジョと呼ぶ人も多い。名称の混乱はなかなか解消されそうもない。

五訂増補食品成分表では、やまのいも類として、やまのいもいちょういも、やまのいも ながいも、やまのいも やまといも、じねんじょ、だいじょの五種類が登載され、やまといもの備考欄に伊勢いも、丹波いもを含むと記載されている。これらの栄養成分をみると、エネルギー、水分量はそれぞれ一〇〇グラム当たり、ながいも六五キロカロリー、八二・六グラム、じねんじょ一二一キロカロリー、六八・八グラムであり、大和芋、伊勢芋と呼ばれるつくね芋群は、なが芋より、ヤマノイモ（ジネンジョ）に近い。

滋賀で食べられているヤマノイモには、ヤマノイモ（ジネンジョ）の野生種とその栽培種、なが芋、つくね芋などがある。「甲賀の自然薯」はヤマノイモの栽培種であり、「秦荘町のやまいも」はナガイモの仲間である。いずれも強い粘りとおいしさが好まれ、地域の特産品となっている。

（榎）

ジネンジョの葉

天然のジネンジョ掘り

ジネンジョは山道沿いの日当たりの良い荒れ地などに自生するつる性の多年草で、地中深く伸びる細長い芋から毎年一本のつるを伸ばし、近くの植物に巻き付きながら葉を繁らせる。春に芽を出した芋はしぼんでしまうが、秋にはその横に新しい芋が伸びることを毎年繰り返し、大きなイモに育っていく。一メートルほどの長さになるには、数年かかるとも言われている。

ジネンジョ掘りは葉っぱの養分が芋に移動する初冬からが最適だが、木枯らしが吹くと枯れたつるが根元からはずれ、芋のありかがわからなくなる。それには芋の葉が繁っている時期に、大きな芋が育ちそうなつるの根元に麦を二、三粒まいておくとよい。秋が深まり周りの草が枯れる頃に、麦の緑色の芽を自分だけがわかる目印にでき、他人に見つけられて掘られてしまうこともない。

ジネンジョを掘り出すには、大変な労力と根気が必要だ。そのため、少しでも掘りやすい赤土や石ころが少ない斜面などに生えているつるを選ぶ。笹藪からはえる芋のつるはついつい敬遠しが

掘り出しているようす

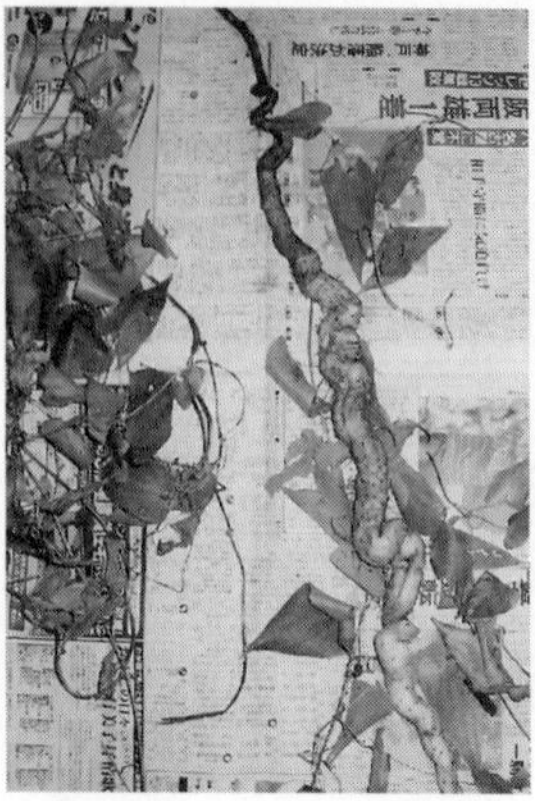
掘り出したジネンジョ

ちだが、表面の笹の根を切り取ってしまえば、後は石ころだらけの所よりかえって掘りやすいという。

掘り始めは根元から離れたところを下向きに掘り、ある程度深くなったら芋の方向に少しずつ土を崩し、芋の伸びる方向を確かめながら、折れたり傷をつけないように掘り進む。深くなるにつれ細かった芋がだんだんと太くなってくる。芋はまだまだ下に続いているのに、土をかき出す手が届かなくなってしまう。その場合はさらに肩を入れるため穴を広げたり、上半身が入るくぼみを掘り下げることもある。ひしゃくや柄の長い金ヘラ、杭の穴を掘る専用のシャベルなどの七つ道具を用意してのぞむ人もいる。

イノシシもジネンジョが大好物で、イモが大きくなる秋頃に鋭い嗅覚で人間より一足先に探しあて、山のいたる所を鼻先で掘りかえしている。ジネンジョを掘り進むと、まるで芋を守っているような大きな石を抱き込むように地中深く伸びていることがよくある。この「守り石」のおかげでイノシシから逃れ、大きく育つことのできた芋を、人間がいただいているのかもしれない。あきらめずに守り石を取り除き、途中で折れることなく最後まで掘り出せた喜びは苦労も忘れるほどだ。（桑）

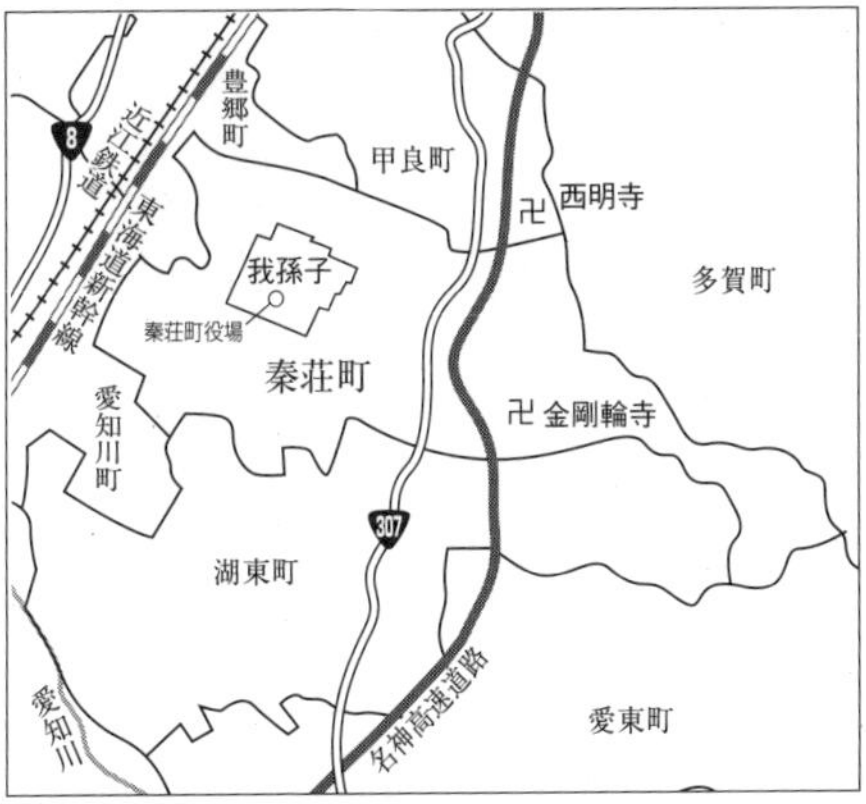

秦荘町の「やまいも」

愛知郡秦荘町には、三百年ほど前から栽培されている特産の「やまいも」（分類学上はナガイモ）がある。てこ状の形をし、すりおろすと粘りがたいへん強く箸でつまめるほどである。

元禄時代に伊勢講による伊勢参りの土産に持ち帰り、地元で選抜をしながら独特のてこ状の芋ができたという説がある。その後、農家の屋敷畑や水田に自家用として栽培され、明治末期には安孫《あび》子《こ》集落の良質のものが販売されていたようである。仲買人《なかがいにん》が、栽培農家から芋を買い集めて天秤《てんびん》棒でかついで、現在の近江八幡市内の八百屋へ売りに行ったのが始まりと言われている。当時一貫目（三・七五キログラム）の芋が酒三升といわれ、これを米に換算すると六～七升になる。当時、職人の手間賃が米二～三升であったから、相当な高値で貴重品扱いだった。風邪《かぜ》などの病気の体力回復、滋養強壮に食べられたと思われる。

昭和三年（一九二八）頃から、安孫子周辺の集落でも販売用に作られるようになり、同六年には栽培面積一二ヘクタールという記

秦荘町ふるさと宅急便の「やまいも」

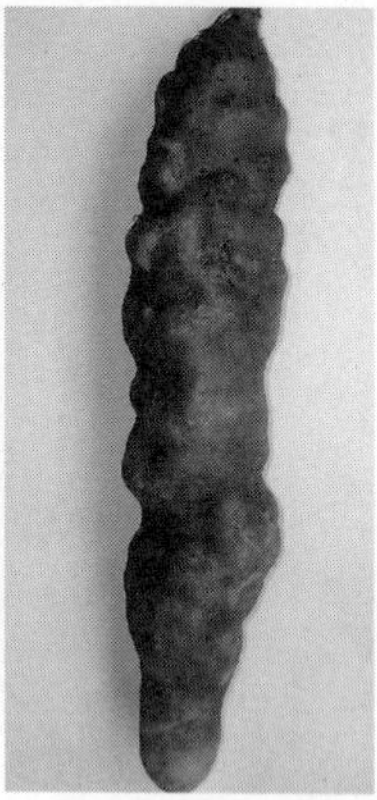
秦荘町の「やまいも」

録も残っている。その後、太平洋戦争による栽培規制によって、生産は減少していった。

昭和五十六年（一九八一）に町が「やまのいも」（後に「やまいも」に変更）の名で振興作物に指定したが、それまで先祖伝来の秘法で行われていたので農家ごとに形もいろいろ、品質や生産量の差も大きかった。そこで、生産農家の組織として「秦荘町やまいも振興会」を設立。農協、県関係機関の支援のもとに、良質なものを安定的に生産するための栽培技術の研鑽《けんさん》に取り組んできた。

昭和五十八年（一九八三）には「秦荘町ふるさと特産振興会」が組織され、町内の八木菜《やぎな》漬など特産品を組み合わせた「ふるさと直行便」が始まった。振興会で規格を統一して出荷し、全国に流通するようになったのである。また、お歳暮や贈答品にも需要が増えた。地元では、湖東三山の一つである金剛輪寺の土産として売られている。

振興会の女性たちは、できるだけおいしく食べてもらおうと、農業祭りなどに伝統の料理法の実演や、町内の若妻たちに料理講習会などを行ってきた。芋の表面がでこぼこしているので、たわしや包丁の背で擦《こす》ると歩止《ぶどま》りがよいこと、皮をむいた芋はすぐに

秦荘町の「やまいも」栽培風景（９月頃）

酢水や塩水に漬けると仕上がりがきれいなことなど、昔から行われてきた調理のコツを伝達。さらに、規格外のものでもおいしく食べられる調理法や、若い人にも好まれる料理の講習も行なってきた。このような取り組みもあって年々、愛好者が増え、年によっては品切れになったこともあったという。

九月上旬、安孫子集落の近辺の水田に、生育後期の緑色をした地上部の葉が整然と並んでいるのが見られる。「やまいも」は粘《ねん》質土壌が適地であるため、町内でも良質のものが栽培できる地域が限られている。主に安孫子、東出《ひがしで》、北八木集落の水田に栽培されている。冬の間に水田に高畝《たかうね》を立てておき、四月中旬には穴を掘り砂を入れる。その中に種芋を一個ずつ入れて土をかぶせ上に藁《わら》を敷く。発芽する六月上旬に支柱を立て、つるが伸び出す下旬に土壌の湿度を保つために厚く敷き藁をする。

芋が育つ八月には土が乾燥し過ぎないように、畝間に水を入れて土壌水分を適湿に保つのである。旱魃《かんばつ》の年には、この水の管理に大変苦労をするという。十月になると葉が黄ばみ、つるも枯れてくる十月下旬頃から収穫期に入る。芋を傷つけないよう専用の

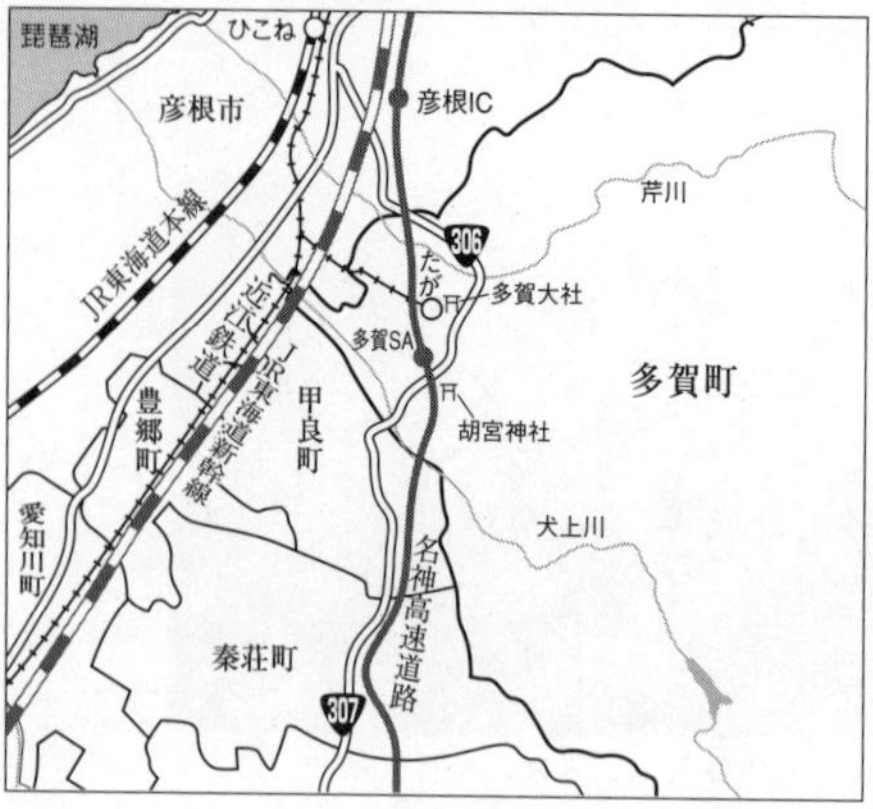

器具を使って一本ずつ丁寧に掘り起こすのであるが、長年の経験と勘がものを言う作業である。掘りあげた芋の中から、質のよいものを選んで種芋として翌年まで貯蔵する。（野崎）

多賀町の「じねんじょ」

犬上郡多賀町の山奥には、古くからジネンジョ（自然薯）が自生していて粘りが非常に強く、滋養強壮の食材として重宝されてきた。町内に住む重森渡さんは、昭和の初め、重森さんが小学校低学年の頃、父親が山からジネンジョを掘り起こしてきたことを懐かしく思い出す。ジネンジョは、十二月の初め頃に葉がほんのり黄色くなるのを目安にして掘り起こす。芋の大きさは親指くらいの小さなものが多かったが、たまには大きなものも採れたらしい。ジネンジョは非常に折れやすいので、一本の芋の長さに合った木の枝を当て、その上から芋のつるをぐるぐる巻いたものを背負って持ち帰ったそうである。

ジネンジョは、すりおろして食べるのが一番おいしかったと重森さんは言う。すりおろした芋は、信州かぶらの味噌汁で伸ばしてとろ

ジネンジョを手にする重森渡さん

多賀町の「じねんじょ」栽培風景

ろ汁にするのが定番であったそうだ。信州かぶらの甘みとジネンジョの風味がよく合って、冬場の何よりのご馳走であったのだろう。

とろろ汁を作るときは、味噌汁を人肌くらいに冷ましてから入れる。熱々《あつあつ》の味噌汁を入れると芋が煮えて分離してしまうのである。味噌汁を入れる役は子供と決まっていて、初めにドッとたくさん入れてよく叱られたそうだ。すりおろしたジネンジョは軟らかく、味噌汁で伸ばすとよく伸びたので、少しの芋でたくさんのとろろ汁が作れたそうである。

ジネンジョ掘りは、人より早く採りたいと競い合ったために、年々早掘りになったという。また、山深くに自生しているため採りに行くのも難しくなっていった。

昭和五十年代に町の一村一品運動が始まり、多賀町の「じねんじょ」として栽培が取り組まれた。ジネンジョ特有の粘りを残した天然の種芋を用いて、田畑での栽培が呼びかけられたのである。それまでにナガイモを栽培していた重森さんは、すぐに取り組み始めた。

ジネンジョの先がとがり岩山にも入り込んでいく性質を利用して、パイプ栽培をする。パイプの先に種芋を入れて山土を詰め、

ジネンジョの掘り出し。左はパイプ

田んぼの畝に斜めに埋めて大きく育てるのである。重森さんが最初に作った芋は、曲がりくねっていたという。何とかよいものを作りたい、それには種芋を増やして気合を入れることだと考えて、次の年は倍、その次は三倍と年々、種芋を増やしていった。三年目にまっすぐなよい芋ができた。

その要因の一つは夏、外気温が高い時期に敷き藁を分厚くし、水やりをしっかり行ったことで、土中の温度が外気温より低く抑えられたのがよかったのだ。さらに、支柱を山形に組んでつるをアーチ状に伸ばすと、夏は葉が茂って日陰になるので、下の土の温度が低くなるのである。どうしたらよいものが作れるかと工夫努力を重ねながら、年々良質のものが収穫できるようになった。ある年には、重さ二キログラム、長さが大人の背丈ほどもあるものが収穫できて、記念に農業協同組合に飾られたという。

ジネンジョは人間に似ていると重森さんは言う。子は親に似るというが、種芋がよくないとよいジネンジョはできないからだ。また、ジネンジョのつるは支柱を選ぶという。五、六月につるが出始めると、しっかりしたよい支柱には周りから数本のつるが巻きつくそうだ。つ

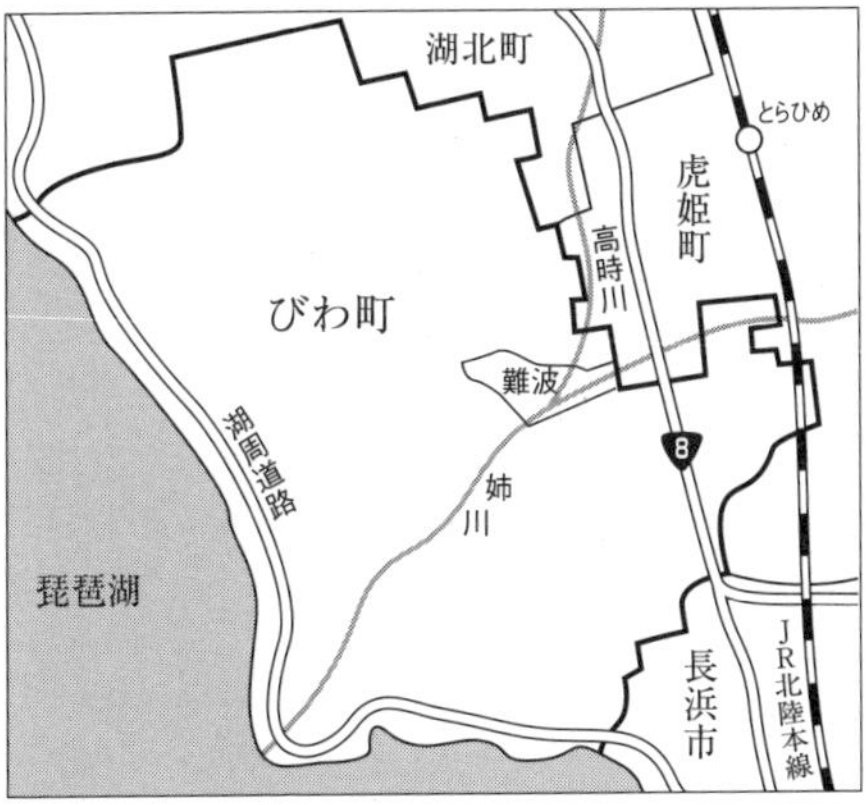

るをといて本来の支柱に巻きつけても、上に伸びてからよい支柱に巻きつこうとするそうである。毎年、そんな光景を見ているという。

多賀町農業協同組合（現在、東びわこ農業協同組合多賀営農センター）に「自然薯生産部会」が結成されて、二十年余りが経った。部会員自慢のジネンジョは、多賀特産として、お歳暮や贈答に全国に出荷されている。現在、部会員の高齢化が進んでいるので、後継者の確保が急務であるという。

（野崎）

びわ町のナガイモ

東浅井郡びわ町の特産品にナガイモがある。養蚕が盛んな地域で、姉川の河川敷では蚕のエサとして桑《くわ》が栽培されていた。その桑の間にゴボウなどといっしょに「ながいも」「とろろいも」と呼ばれて栽培されてきた。自家用に食したり、親戚などへ配っていた。子供たちも学校から帰ると芋を起こす手伝いをさせられたという。

昭和五十年代になると養蚕はすたれてきた。昭和六十年頃、町の働きかけで長野へ視察に行った農家を中心に「びわ町長芋生産組合」が結成され、姉川や荒川（高時川）の河川敷で本格的に栽培されるようになった。

田植えが終わる頃、土壌消毒をし、五月末か六月初めに一〇センチほどの長さに切った種芋を土際すれすれに落としていく。土際五センチくらいのところに芋の首から根が伸びる。盆をすぎると葉が黄色くなり九月になると生育が止まる。十月になると葉が落ち始め、葉がきれいに落ちてから収穫する。早く収穫すると黒くなりえぐみが残る。十一～十二月に収穫出荷される。芋は一メートルを越す長さになり、スコップで一・五メートルぐらい掘りあげる。

ナガイモは厭地《いやち》（連作した場合、生育が悪くなり、収穫が少なくなること）があるので栽培した圃場は三～五年はつくれない。昭和六十年代から平成にかけて最も盛んに生産されていたが、地力が落ちたり病気にかかったりして、ナガイモを生産する農家も年々少なくなり、現在は大字難波《なんば》の農家が主体になっている。

ナガイモは皮をむいて下ろし、醤油をかけて（生卵を入れる場合もある）食べる。もみ海苔《のり》をのせることもある。生の芋の皮をむき短冊に切って酢の物にしたり、ナガイモだけか他の野菜といっしょに煮ても食される。


（中村）

古典文学の中のヤマノイモ

「古事記」から「閑吟集《かんぎんしゅう》」（室町時代後期の歌謡集）まで、古代・中世の主要な古典文学三六作品に記載されている野菜を調べた廣瀬忠彦氏の『古典文学と野菜』という本によれば、サトイモが四回なのに対し、ヤマノイモは一九回、ワラビやセリと並ぶ登場回数を誇っている（言うまでもないが、まだ日本に持ち込まれていなかったサツマイモとジャガイモはゼロ）。

入手が困難な嗜好品に近い扱いを、貴族らから受けていた現れであろう。

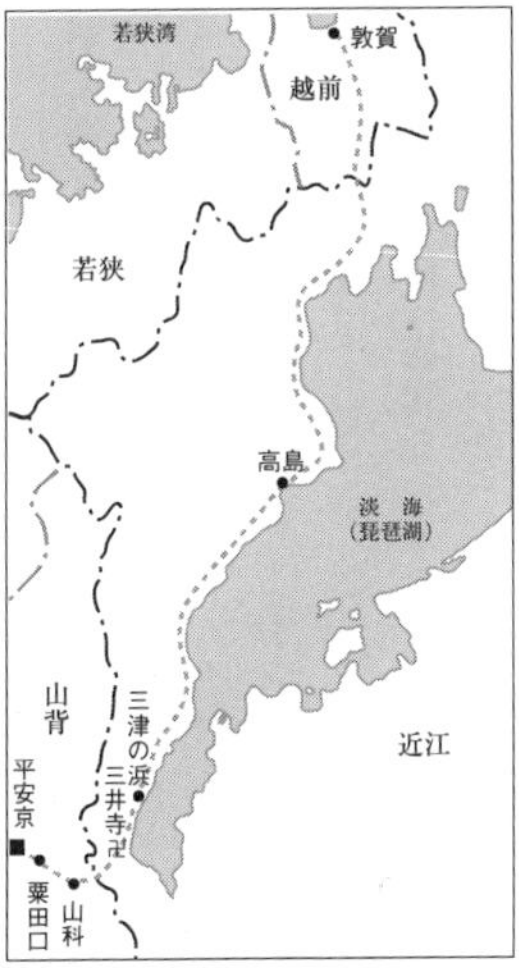

「芋粥」における敦賀までのルート

芋粥を求め近江を縦断

「何時《いつ》になったら、これに飽《あ》ける事かのう」と飲み干した芋粥の椀をしげしげと見つめながら口走った五位は、「お望みなら、利仁《としひと》がお飽かせ申そう」という藤原利仁の誘いにのって、京の都から粟田口《あわたぐち》、山科、関山を経て、三井寺で昼食をとり、さらに三津浜、高島を経て、利仁の館のある越前敦賀へ向かう。

よく知られた芥川竜之介の短編小説『芋粥』は、『今昔物語』巻二六第一七「利仁将軍の若き時、京より敦賀に五位を将て行きたる話」と『宇治拾遺《じゅうい》物語』一八「利仁芋粥の事」に取材したものである。

ここに登場する芋粥とは、ヤマノイモ（当時は野生の自然薯）をそぐようにして切り、アマズラ（甘葛煎）で煮た、たとえれば汁粉かぜんざいのような料理のことである。

アマズラは、深山《みやま》に生えるブドウ科のつる草のつるから、糖度が高まる冬期に採取した甘い汁液を煮詰めたものである。唐から伝来した砂糖は一種の薬扱いされていた古代中世にあっては、代表的な甘味料であり、朝廷へ諸国から貢ぎ物として送られてもいた。

同じく冬期の産物であるヤマノイモとともに作られる芋粥は、下級貴族などにとっては年に一度、大《だい》饗《きょう》の場でしか口にできないご馳走だったわけである。この芋粥に異常な執着をいだいた、風采の揚がらない平凡な男（名もなく「五位」とのみ記される）を主人公に彼と周囲の心理が詳細に語られる芥川の小説に対して、原典となった『今昔物語』と『宇治拾遺物語』はもっぱら藤原利仁の人並みはずれた能力を物語るための話となっている。

藤原利仁は平安時代中期（十世紀初めごろ）の実在の人物で、「利仁《りじん》将軍」とも呼ばれた。東国の盗賊取締りで名を上げて鎮守府将軍に任ぜられ、越前国敦賀の豪族藤原有仁《ありひと》の娘婿となった。

遠い旅程を不安がる五位に対し、利仁は笑って「利仁一人侍《はべ》らば、千人と思《おぼ》せ」（『宇治拾遺物語』）と言ったかと思うと、三津の浜（大津市下阪本あたりの琵琶湖岸）で捕まえたキツネに言づてて、翌日高島まで家来たちを迎えに来させることに成功する。

無事に館に着いた翌日の明け方、寝所の屋根と同じほどの高さまで積まれた「切り口三寸、長さ五尺の芋」の山と「釜五つ六つ」を用いて炊かれた大量の芋粥が作られていくさまを目にした五位は、「飽きて一盛《ひとも》り」（『宇治拾遺物語』）すら食えない結果となる。

平安時代末の承安《しょうあん》二年（一一七二）、一月二日に催された大饗に、食後のデザートの扱いで「薯蕷粥（＝芋粥）」が出された記録が残っている。文字どおり「盛大な饗宴」を意味する大饗は、最上位の貴族たちが催したもので、自らの経済力を誇示するため莫大な費用を注ぎ込んだ。

下って、室町将軍を家臣が歓待する「御成《おなり》」の儀式になると、中国的な大饗料理から脱して、日本独自の様式が確立したとされるが、永禄四年（一五六一）に第十三代将軍・足利義輝を三好《みよし》義長（同年、義輝の妹婿となる）が招いた御成の記録（『三好義長亭御成之記』）には、やはり「御菓子」の一品として「薯《い》蕷《も》（＝芋粥）」が並んでいる。管領として幕府を牛耳《ぎゅうじ》った細川晴元によって父の義晴とともに京を追われ、近江坂本の地で将軍職を継承、いったん京に戻ったものの、再び追われて朽木に五年余り暮らす――というように、近江と関わりの深かった義輝は、覇気に溢れ、歴代足利将軍の中で最も武術に優れた人物だったそうで、小説「芋粥」でいえば、五位ではなく利仁のタイプということになる。

平清盛とムカゴ

譲位後も三代の天皇、四十年余りにわたって院政をしいたことで知られる白河法皇は、平忠盛に褒美として、自らが愛していた女性を与える。彼女はすでに法皇の子を身ごもっており、生まれた子供が平清盛である――いわゆる「清盛落胤《らくいん》説」（落胤とは、身分の高い男が正妻以外の身分の低い女に生ませた子のこと。落としだね）は、『平家物語』などの記述をもとに古くから唱えられてきた。

『平家物語』によれば、東山の麓、祇園《ぎおん》の辺りに、白河院の寵愛《ちょうあい》を受け、世間で「祇園女御《にょうご》」（女御は天皇の寝所に侍る女官。彼女の場合、あくまで通称）と呼ばれる女性がいた。白河院がお忍びで彼女のもとへ出向いた夜のこと、雨降る路上に怪しく光るものが現れる。鬼と見た白河院らは供の武士、平忠盛に討つよう命じる。「それほど獰猛《どうもう》な者ではあるまい」と判断した忠盛は、弓や刀は用いずに素手でつかまえる。鬼と見えたものは、灯明を捧げるための火を入れた土器《かわらけ》を持ち、藁笠をかぶった僧であった。

忠盛の冷静な行動に感心した白河院は、その褒美として祇園女御を彼に与えた。この時、彼女は白河院の子を宿しており、まもなく男の子が生まれた。

しばらくして白河院が熊野へ出向いたさい、紀伊国糸《いと》鹿《が》坂（和歌山県有田市）で休息となった。辺りの藪にヌカゴ（＝ムカゴ）がたくさんなっているのを見つけた忠盛は、採って白河院の前に行き

いもが子ははふ程《ほど》にこそなりにけれ（やまいもの子が蔓《つる》をはうほどたくさんなりました――妻の生んだ子ははうほどに成長しました）

と言うと、院はすぐ理解して答えた。

ただもりとりてやしないひにせよ（ただたくさん採って栄養の料にせよ――忠盛が引き取って養子として育てよ）

後日、この子があまりに夜泣きをすると聞いた白河院は、一首歌を詠んで忠盛に与えた。

夜泣きすとただもりたてよ末の代にきよくさかふることもこそあれ（夜泣きをするとしても、忠盛よ、ただ大事に守り育てよ、後には清く盛《さか》えて繁栄することもあろう）

子供は、この歌にちなんで清盛と名づけられた。

しかし、ムカゴのついたつるがはうようすと、赤ん坊がはう姿をかけた歌は、特に古い形を残すとされる『平家物語』延慶本にはなく、説話集『今物語』（一二三九年以後の成立）では菅原在良《ありよし》の娘と、その夫の会話としてほぼ同じ歌が交わされる。そのため、平清盛を白河院の落胤とする話自体が、「白河院の御子」であったから、武士として初の太政大臣となるなどの偉業を成し遂げたのだとする後世の創作にすぎないと長く考えられてきた。

ところが、明治二十六年（一八九三）、犬上郡敏満《びんまん》寺《じ》村（多賀町敏満寺）にある胡宮《このみや》神社で古文書「仏舎《ぶっしゃ》利相承図《りそうじょう》」が発見され、専門家らに大きな衝撃を与えた。

胡宮神社は、戦国時代に浅井氏や織田信長によって焼かれる以前には大きな勢力を誇った寺院・敏満寺の鎮守社で、僧重源《じゅうげん》（東大寺再建に尽くしたことで知られる）が建久九年（一一九八）に寄進した仏舎利一粒入り金銅製五輪塔（国の重要文化財）を所蔵する。

仏舎利とは、釈迦《しゃか》の遺骨（火葬のさいに用いた棺《ひつぎ》や祭壇の灰も含む）を意味し、仏教徒の重要な信仰の対象となった。後世には代替《だいたい》品として宝石などが用いられ、寺院建立のさいには仏塔の芯礎にこれを埋めた。大津市滋賀里の崇福寺《すうふくじ》跡から発見された舎利容器は国宝に指定されている。

問題の「仏舎利相承図」は、文暦《ぶんりゃく》二年（一二三五）に書かれたもので、白河院が持っていた二〇〇〇粒の仏舎利が、数代の間にいろいろな人の手を経て受け継がれ、複数の人物によってそのうちの数十粒が敏満寺に施入されたことを記している。

この図の最初の部分では、白河院が祇園女御とその妹に仏舎利を渡し、妹からその子平清盛に渡ったことが記されてる。つまり、平家物語とは異なり、清盛の母親は「祇園女御の妹」ということになるのだが、それぞれの人物の推定年齢からみても祇園女御ではなくその妹の方がつじつまがあうという。

清盛死去（一一八一）から半世紀ほど後に書かれた

この図は、発見から一世紀余り経過した今も、平清盛落胤説の有力な証拠でありつづけている。

ヤマイモになりすました源頼朝

「人間五十年　天下の内をくらぶれば　夢幻のごとくなり」という一節が有名な幸若舞《こうわかまい》「敦盛」は、合戦で平敦盛《たいらのあつもり》の首を討った熊谷直実《くまがいなおざね》が無常を感じて出家するまでの話である。織田信長が好み、桶狭間《おけはざま》の戦いの前夜にも自ら舞ったという。幸若舞は、源平合戦などの戦記物語を囃子《はやし》に合わせ節をつけてうたい舞うもので、戦国武将には非常に愛好された。

　幸若舞の曲の一つ、「頼朝《よりとも》いふき（伊吹）落《おち》」にはヤマイモが登場する。

　平安京の待賢門《たいけんもん》の戦いで平清盛《きよもり》軍に敗れた源義朝《みなもとのよしとも》とその家来たちは、雪降るなか、東国へと落ちのびよう歩を進める。西坂本（現在の京都市左京区一乗寺辺り）から近江国へ抜けようとする途中、義朝の三男でこの時一二歳の少年であった頼朝は、一行とはぐれてしまう。追っ手の手にかかるよりはと自害することを決意したところに通りかかったのが、北近江、伊吹山の麓に住んでいる草野（浅井町）の庄司《しょうじ》（荘園を管理する役人）。「死骸を隠していってくれ」と頼んで腹を切ろうとする頼朝をなだめ、蓑《みの》でくるんで供の男におぶわせ、堅田《かたた》へ向かって歩みはじめる。

　少し進んだところで、五十人余りを引き連れた横川《よかわ》（比叡山三塔の一つ）法師の大将が追ってきて、彼らを引き止めるが、草野の庄司は、自分は領内の百姓で、「元三《がんざん》（正月三が日）の菓子のために、野老《ところ》を持って坂本へ参るところです」と答え、事なきを得る。

　頼朝は無事に堅田に着き、庄司が手配した舟で琵琶湖を渡り、対岸の朝妻《あさづま》（米原町）の浜に到着。草野の里で新年を迎えた。

　平治《へいじ》元年（一一五九）十二月、後白河上皇と二条天皇それぞれの近臣らの対立から起こった政変、いわゆる平治の乱の際のお話で、実際に頼朝は東国へ落ちのびているが、ヤマイモになりすまして難を逃れたというのはもちろん創作である。「野老」は、食用にできるヤマイモを意味し、比叡山周辺に暮らす農民の中には、山で採ったヤマイモを背おい、京や坂本へ売りに行く者がいたことは事実であろう。（編）

掘り出したサツマイモ

サツマイモ

サツマイモ（薩摩芋）は甘藷《かんしょ》・紅薯・蕃薯《ばんしょ》・唐薯《から》・琉球薯とも言われ、その原産地はメキシコからグァテマラにかけての地域であると言われている。ヨーロッパへの伝播は、コロンブスがスペインのイザベラ女王に献上したのが初めとされ、同国人によってマニラへ、またポルトガル人によってマレー諸島に伝えられた。

中国へは明《みん》の時代の万暦《ばんれき》年間（一五七三～一六一九）にマレー諸島から入り（一五九四年にマニラから福建省に伝わったとの説もある）、わが国へは四百年ほど前の慶長十三年（一六〇八）に中国から琉球（沖縄）の宮古島に伝えられたのが嚆矢《こうし》とされる。

しかし近年、慶長十年（一六〇五）に野国総管《のぐにそうかん》（別名「芋大主《うむうふしゅ》」）が福建省より琉球の嘉手納《かでな》に伝えたのが最初との説が有力視されている。これ以後、元禄十一年（一六九八）に琉球王は種芋を種子島に伝えた。

薩摩に入ったのは寛永（一六二四～）の初年と言われ、前田利右衛門らによって広く藩内に普及し、この作物のおかげで、同藩が

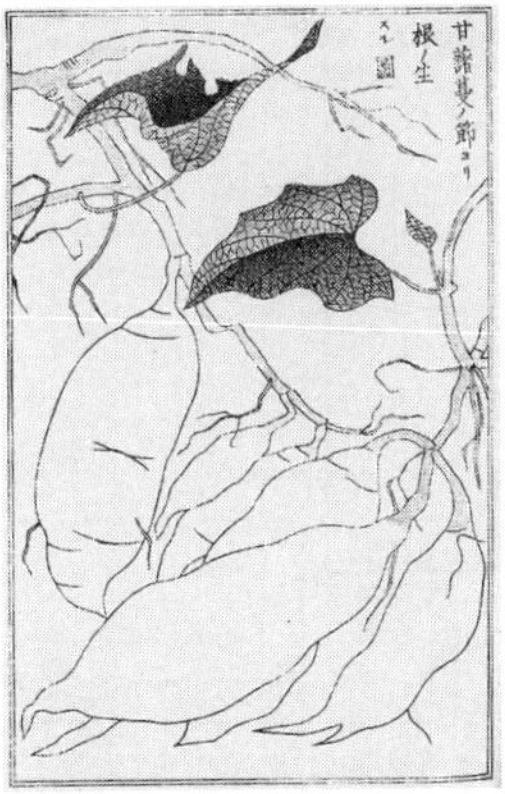

図１『草木六部耕種法』にある甘藷の図

享保《きょうほう》の大飢饉の被害をまぬがれたこともあって、救荒作物として注目されるようになった。蘭学者の青木文蔵（昆陽・俗称「甘藷先生」）は、甘藷の効用を幕府に献白して御用係に任じられ、享保二十年（一七三五）に小石川養生所や上総《かずさ》国不動堂村、下総《しもうさ》国馬加《まくわり》村の実験圃場で栽培試験を実施した。その結果をもとに『蕃藷考』を著わして甘藷の全国的な普及に尽力した。

この間、甘藷は日本最古の農書『清良記《せいりょうき》』（一六二九～一六五四頃）や『農業全書』（一六九七年刊）、『大和本草《ほんぞう》』（一七〇八年刊）、『和漢三才図会《さんざいずえ》』（一七一二年刊）、『蕃藷録』（一七一七年刊）等に紹介され、普及に大きく貢献した。こうして明治末年には全国で二七万ヘクタールに「川越」「四十日《しじゅうにち》」「凡計藷」「琉球」「ごいとせ」「八里半」なる品種が栽培され、六・五億貫（約二四四万トン）の収穫があったと言われている。

本県での初作地は、伊吹山の麓の坂田郡弥高《やたか》村（伊吹町弥高）とされている。この村の出身の松本五郎平《ごろうべい》（一八〇八～一九〇二）が、村の農業の振興策を試行錯誤し、安政年間（一八五四～一八五九）に尾張へ旅した際、初めて目にしたサツマイモの苗を持ち帰り栽培

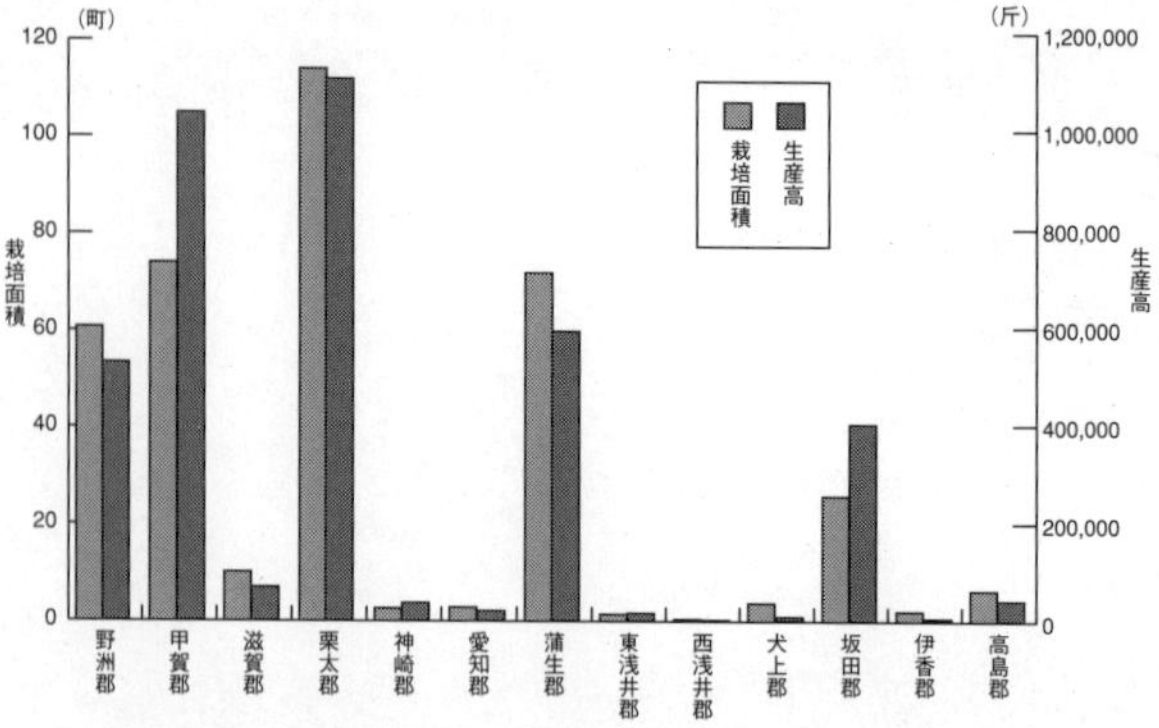

図１　明治初期の滋賀県におけるサツマイモの生産
（『滋賀県物産誌』をもとに作成。１町＝１ha、１斤＝600ｇ）

を試みた。その後も栽培法に研究改良を加え、明治三年（一八七〇）には村人にすすめて普及させた。

サツマイモは村人の主食を支え（この村には地力の低い水田が四ヘクタールほどしかなかった）、現金収入の源ともなった。こうして、サツマイモは伊吹山麓の村々に広がっていった。弥高村の村社平野神社の境内には、昭和十二年（一九三七）に近江の史家・中川泉三（章斎）の撰文と揮毫《きごう》による松本五郎平頌徳碑が建てられ、今も村人によって同氏の顕彰が続けられている。

さて、明治初年の本県におけるサツマイモの生産高は『滋賀県物産誌』によると図１のようで、旧伊吹村におけるそれは、表１に示した。旧坂田郡内における作付面積と県下南郡の諸地域の数値を比べると、普及率に大きな差があり、南郡では明治以前にサツマイモが導入されていた可能性が高いと筆者は考えている。明治末年（明治四十三年の統計書による）には、全県下で七九三・四ヘクタールの地に作付され、約二一七万貫（約八一四〇トン）の収穫があった。

サツマイモは古くは救荒作物として多くの飢えに苦しむ人々の

表１　旧伊吹村における甘藷の生産

	栽培面積	生産高	その他
大清水村	２町３反５畝	2,794貫	1,544貫は長浜へ販売
上平寺村	1.2反	700貫	200貫は近村へ 〃
弥高村	12.8町	26,500貫	2,000貫は彦根へ 〃
上野村	４町	8,000貫	全量村で消費

『滋賀県物産誌』（明治13年）より

生命を救い、戦中戦後の食糧難時代にも大きな働きをした。

江戸時代には『甘藷百珍』（一七八九年刊）という料理の本が著され、これにはサツマイモを素材とした品が一二三種紹介されている。甘藷は蒸す、煮る、焼く、油揚げの調理法を基本とし、きんとん、餅、団子、飴、酒、でんぷん、アルコール、羊羹《ようかん》、味噌、醤油、薩摩汁、甘藷飯、切干し、スナック菓子、飼料等その用途は多い。栄養的にも炭水化物を多く含み、ビタミン（カロチン・ビタミンC）、ミネラルをバランスよく含む食材である。現在全国で約四七万ヘクタールの耕地に栽培されており、その収量は約一〇〇万トンと言われている。品種は「ベニアズマ」「高系14号」「コガネセンガン」「鳴戸金時」「シロユタカ」（でんぷん用）が主流を占め、カロチンやアントシアニンを含む有色の品種も出まわっている。

（粕）

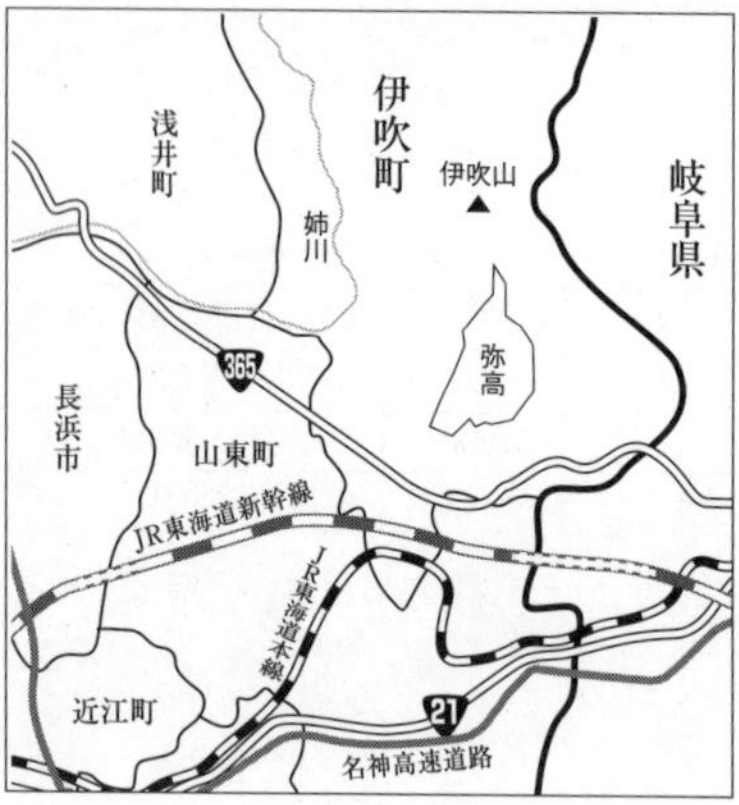

伊吹山麓の「弥高《やたか》イモ」

江戸時代の末、伊吹山麓にある坂田郡弥高村（伊吹町弥高）は小石が多い扇状地で米作りには適さず、陸稲《おかぼ》（畑で栽培される稲）や豆類、ダイコンを栽培、山稼ぎで生計を立てる暮らしぶりだった。ここに生まれ育った松本五郎平《ごろべい》は、この地でも栽培できる作物を探し始めた（生年からすると、五郎平が二十代後半で天保飢饉を体験している）。美濃や越前まで出かけては、種や苗を持ち帰り、モモ、リンゴなどを植えてみたりしたが、いずれも失敗に終わる。

安政年間（一八五四～五九）のこと、尾張に出かけた五郎平は、サツマイモの種苗を買い求め、弥高村での栽培に取り組んだ。サツマイモは根付き、研究改良を重ねたのち、明治三年（一八七〇）から村人たちに栽培をすすめ、作り方を指導するようになった。

やがて、「弥高のサツマイモ」は広く知られるようになる。大正年間から昭和十年代までは、十一～十二月の深夜、提灯を灯りに大八車の行列が弥高から出発していった。夫婦でひく（子どもが先ひきをする場合もあった）大八車には、かますにつめたサツマイ

伊吹農業協同組合のでんぷん工場（『伊吹町史』より）

モが六〇～七〇貫（二二五～二六二・五キロ）積まれていた。大八車は弥高だけでも三〇～四〇台におよび、販売先は主に醒ヶ井、米原方面、遠くは木之本に出かける者もいた。

第二次世界大戦が始まると、食糧事情が悪化し、昭和十七年（一九四二）には食糧管理法が公布された。主食にあたる米・麦・雑穀・芋類は原則として各地の産業組合が集荷し、配給と貯蔵は都道府県ごとに開業した地方食糧営団が行うことになったのである。同時に食糧増産のためサツマイモの栽培が奨励され、弥高村でもイモ畑を広げるために林を新たに開墾したほどであった。

そして、終戦。弥高村へは、サツマイモを求める買い出しの人々が京都方面から続々と訪れた。収穫の最中に畑へ押しかけてくるほどだったが、戦後も食糧管理法は生きており、全量供出が義務づけられていたサツマイモの販売は禁止されていた。警察による取り締まりも行われるなか、供出できないキズ物や小さなサツマイモだけがわずかに売買された。

しかし、やがて食糧事情は好転、昭和二十四年（一九四九）の末頃には芋類の自由販売が許可され、統制も廃止された。それまで一括集荷を受け持ってきた伊吹農業協同組合では、販売事業の落ち込みを補うため、同年十一月、組合員の農家が持ち込んだサツマイモを加工するでんぷん工場を操業した。サツマイモを水洗い後、すりつぶしてからでんぷんと粕《かす》を分けるために何度か篩《ふるい》にかけて、最後に遠心分離機で完全に分離する。そして、別々に火力乾燥機にかけて製品にした。多い時には一日に二・五トンがでんぷんに加工され、年間二〇〇トンの生産をあげた。絞り粕は、牛や豚のエサになり、昭和三十五年（一九六〇）には養豚組合も結成された。

しかし、昭和三十七、八年頃からサツマイモでんぷんは、ジャガイモやトウモロコシでんぷんに押されて販売が難しくなり、工場は間もなく閉鎖されてしまった。集荷されたサツマイモは岐阜・愛知方面へ菓子加工用や生食用として出荷されたが、栽培農家は激減していった。

昭和四十三年（一九六八）には、弥高観光営農組合が設立され、観光芋園で訪れた観光客にサツマイモ掘りを体験してもらうようになった。現在も、弥高観光いも園で十月にサツマイモ掘りを楽しめる。

（編）

戦時下の芋

サツマイモとジャガイモの作付面積と収穫量が最も増えたのは、昭和十五～二十年（一九四〇～四五）の戦時下においてである（第四章　滋賀県の芋の生産参照）。

成人男性が戦地や工場へ動員されていくなか、その労働力の減少を補いながら食糧増産が叫ばれた。滋賀県でも、昭和十六年に主要食糧（米、麦、サツマイモ、ジャガイモ、大豆）の増産などを掲げた「食糧増産三カ年計画」を樹立している。

河川の堤防敷や雑木林、そして小中学校の運動場も、サツマイモ畑などに変わった。つい「運動場が掘り返されて」という表現をしがちであるが、運動場の土は固い。『多賀町史』は以下のように記している。

全校児童はそれぞれバケツやかごを持参して裏山から土を運び入れ、広い運動場はいつしか畑となった。畦《うね》をつくり、薯苗を植え付け、その周りには南瓜《かぼちゃ》を植えて、やがて竹を集めて垣を作り、南瓜のつるをはわせた。

昭和十七年、サツマイモ増産を計画した滋賀県では、栗太郡志津《しづ》村（草津市）にあったカーネーション栽培用のガラス張りの温室に目をつけた。昭和初期から志津村出身の青地準二によって京都市場を中心に出荷されていたカーネーションの温室栽培は、園芸作物の抑制策によって休業状態にあったのである。県が確保した二トンの種芋を発芽させるため、関西配電（現、関西電力）から特別の送電を受けた。そして、育った五〇万本の苗は、全県に配布され三三〇町歩（＝ヘクタール）に植えられた。

栗太農学校の生徒は、野洲郡兵主《ひょうず》村（中主町）にあった琵琶湖内湖の一つ、野田沼の干拓（水田とするためのもの）と、草津の太田酒造に一カ月交代で動員された。太田酒造では海軍に納めるブドウ酒づくりと、自動車や飛行機の燃料用アルコールの製造が行われていた。ジャガイモやトウモロコシを原料に燃料用アルコールが生産されたのである。原理はイモ焼酎《じょうちゅう》の造り方とまったく同じだといい、蒸したイモに麹を加えて発酵させ、これを蒸留した。

砂糖も配給となり、昭和十九年八月、ついに配給停止で姿を消すと、くず芋を煮たものに、筵《むしろ》でおおうなどでして光を当てずに芽を出させた麦芽《ばくが》（モヤシという）などを加えて飴《あめ》づくりをする者もあった。

満州の地にジャガイモを植える者もいた。昭和十六年、文部省は「興亜学生勤労報国隊満州建設勤労奉仕隊農業学校隊」を全国農学校生徒七二〇名と教師で編成させ、満州へ約三カ月間派遣した。

滋賀県では長浜農学校が代表校に選ばれ、隊員として一〇名の生徒と教師一名が選ばれた。茨城県内の訓練所で訓練を受けたのち、日本海を渡り、満州の実習農場「サルト農場」に到着。五月十五日～七月二十八日まで勤労奉仕についた。毎朝五時に起床、七時に集合して農場へ向かう。作業はジャガイモの植え付けで、刈り取った麦の古株の間に三〇センチ

今津中学校校庭の開墾（今津町、昭和20年頃　郷土出版社刊『目で見る湖西の100年』より）

下田国民学校でのサツマイモの取り入れ（甲西町、昭和17年頃　郷土出版社刊『目で見る湖南の100年』より）
コモでおおい、サツマイモを保存したところ。

長浜農学校の満州勤労報国隊員によるジャガイモの植え付け（満州、昭和16年５～７月　長浜農業高校発行『長農八十年史』より）

おきに種芋を落として覆土した。

彦根市野瀬町に住み、今でいう自治会長の任にあった野瀬又三さんが、昭和二十年に綴った日記には、日々の農作業が記録されている。「塩一・二キロ配給ありし」「豆腐の配給あり」といった言葉とともに、松原内湖の干拓工事や野田山へ松根掘りに出動などの記述が続くなか、甘藷（サツマイモ）や馬鈴薯（ジャガイモ）が登場する。以下の引用は「野瀬又三日記」（『新修彦根市史 第九巻 史料編 近代二・現代』）による。

四月二日（月曜日）　天候晴

午前より午後にかけ甘藷苗床ヲ作る、〇・四坪の大さなり、敵沖縄本島に上陸、戦局愈々《いよいよ》重大なり

現在、サツマイモは専門の業者から苗を購入するのが普通だが、当時はそれぞれが苗床をつくり親芋を発芽させていた。

四月十四日（土曜日）　天候晴

ルーズベルトノ後任ハ、トルマンに決定、午前馬鈴薯に施肥（以下略）

四月二十四日（火曜日）　天候晴

孫さん方にて隣組常会を開催、馬鈴薯代等を、又貯金の割当を為す

食糧管理法に基づき、米や麦と同じようにジャガイモとサツマイモも地域ごとに割り当てられた量を供出しなければならなかった。その代金が入り、各戸に配分したものと思われる。前年の秋作分だとしても、四月下旬というのはあまりに遅いが。

六月二十三日（土曜日）　天候雨

梅雨に入る、依て甘藷二四〇本を移植す（以下略）

この三日後、滋賀県下で初めて死者（八名、重軽傷者一二名）が出る空襲があった。

六月二十六日（火曜日）　天候晴

朝、精米すべく作業場に運ひしに敵来襲、空を覆ふ爆弾拾数個稲田へ投下、野瀬にて（個人名略）西今にては（個人名略）等戦災死を遂く、学校半壊す

緊迫感が増すなか、野瀬さんは農作業を続けている。

七月一日（日曜日）　天候雨

降雨続く、里芋の手入れ並ニ甘藷畑の除草を為す国民義勇隊発動ありたり、依て組長会を開き、出動員を決定す

（編）

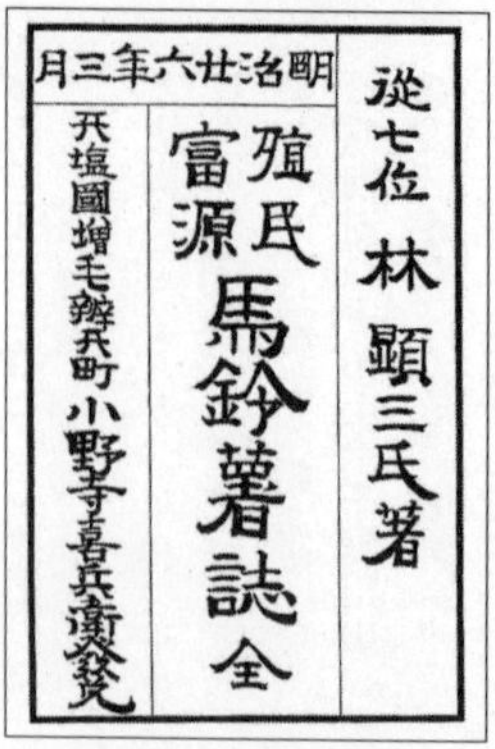

図1　『殖民富源馬鈴薯誌』

ジャガイモ

ジャガイモ（馬鈴薯）は南アメリカの原産で、スペイン人（イギリス人との説もある）が本国に持ち帰り、以後ヨーロッパ諸国および英国に広がった作物であるが、当初は有毒説が流布し、それが伝播の障害になっていたという。わが国へは慶長年間（一五九六〜一六一五。〈天正年間との説もある〉）にオランダの商人が長崎に伝えたのが最初で、当時は「ジャガタライモ」とか「オランダイモ」とか称せられていた。のち甲斐《かい》（明和年間）、信濃、飛騨、上野《こうずけ》、武蔵国に栽培が広がっていった。

明治期に入って、米国から優良な種芋が輸入され、明治末年には全国で四万ヘクタールの畑地に作付されて、約二三〜二六万トンの生産があったとされる（明治十年頃の記録には二二万八〇〇〇石とある）。この間、北海道では、明治四十年に川田男爵がアメリカから種芋を導入し、これが普及に一役買ったため、『男爵芋』と名付けられて全国に広がり、現在に至っている。

明治二十六年（一八九三）には、林顕三によって『殖民富源馬鈴

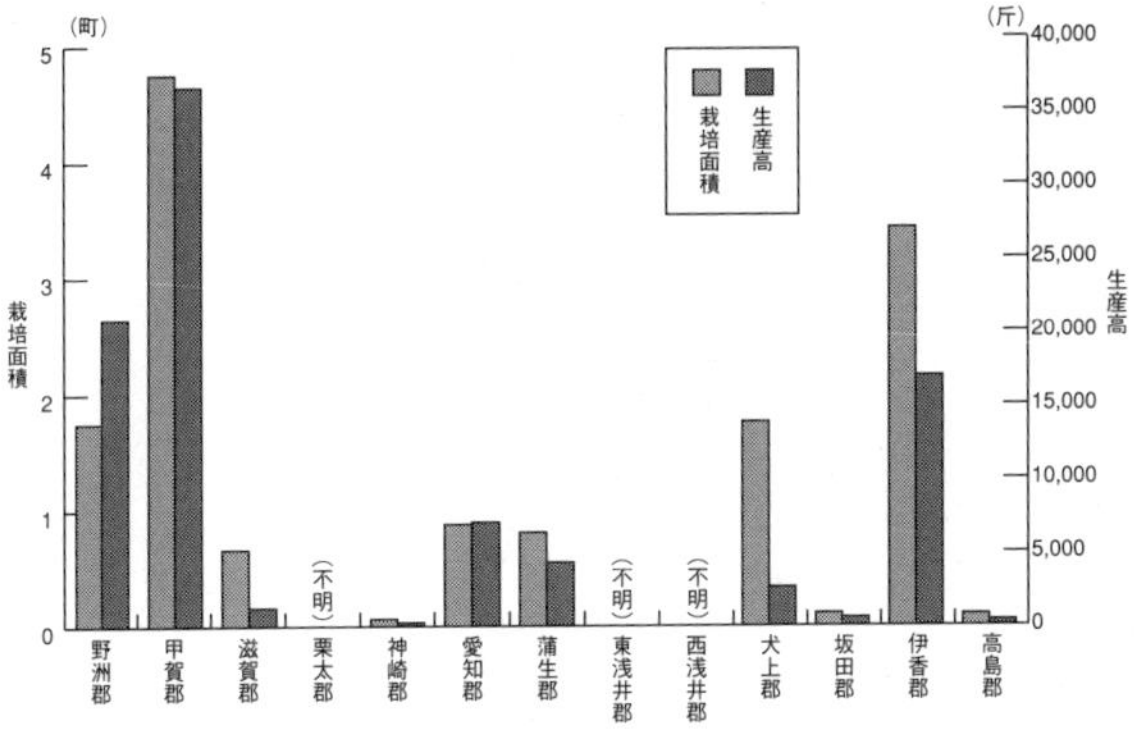

図２　明治初期の滋賀県におけるジャガイモの生産
（『滋賀県物産誌』をもとに作成。１町＝１ha、１斤＝600ｇ）

薯誌（全）』（図１参照）なる専門書が出版された。この本は五六ページの小本ながら、馬鈴薯の効用・歴史・栽培法・貯蔵法・調理法・でんぷんの製法とこれを原料とした醤油・味噌・酒の製造法、および芋を材料とした餅や落雁、煎餅、羊かん、飴、パン、饅頭の製法が詳しく記されている。

また、この書の栽培法のところには、種芋をいくつかに切断し、切り口に木灰をつけて植える方法を紹介しているが、これは現在でも行われている手法であり、この本が馬鈴薯の全国的な普及に寄与した功績は大きい。

さて、馬鈴薯の本県での初作地や広がりの経緯については明らかではないが、『滋賀県物産誌』によると図２のようで、明治初年の本県での栽培は微々たるものであったことが知れる。その約三十年後の『明治四十二年滋賀県統計要覧』には、全県下で九六・七ヘクタールの作付があり、約二五・五万貫（一貫は三・七五キログラム）の収量があったことが記されている。

以後、戦中の食糧難時代や、戦後の食生活の変化、学校給食の普及により、広範囲の料理の食材として、また、スナック菓子の

ポテトチップス加工用に水田転換畑で栽培されたジャガイモ（昭和50年代、甲賀郡にて。吉川善司著『湖国の野菜産地』より）

原料として消費量が拡大した。昭和二十一年（一九四六）、食糧文化協会が発行した『馬鈴薯の調理法』には、主食的調理法と副食的調理法に大別して、三百種類以上のメニューを詳述している。

近年栽培種の主流は、メークインや男爵芋で、その生産量は全国で約三六〇万トンであるが、フランス産の品種や、カロチノイドやアントシアニンを多く含んだ黄金色や紫色の馬鈴薯、春秋兼用種も栽培の人気が出ている。

滋賀県で栽培されてきたジャガイモは農家の自給用がほとんどであるが、かつて大手菓子メーカーの加工用原料として大規模な栽培が取り組まれたことがある。昭和五十年代初め、甲西町柑子《こうじ》袋《ぶくろ》のカルビー滋賀工場で製造されているポテトチップスの原料として、甲賀郡内でジャガイモが栽培された。甲賀農業管理センターが中心となり、減反政策のもと水田の転作を進める目的があった。昭和五十五年で、栽培戸数二九八戸、栽培面積二三ヘクタール、生産量四一五トンにのぼったが、もともと湿田だった土地で栽培されたジャガイモの品質はおもわしくなく、間もなく栽培は取りやめられた。現在は全量、北海道産や九州産が用いられている。（粕）

キクイモの花（守山市の川べりに自生）

キクイモの塊茎（芋）
同属の似た植物として、イヌキクイモがあり、塊茎がもっと小さい

キクイモ

キクイモ（菊芋）は、その名の示すようにキク科ヒマワリ属の植物であるが、皆さんはご存じだろうか。河川沿いの荒れ地などに自生し、上の写真のように夏の終わりから初秋にかけて黄色の花を咲かせる多年草である。

茎は一～三メートルぐらいに生長し、地下にできる塊茎《かいけい》（芋）は、食用や家畜の飼料用、アルコールの原料にもなる。

『牧野日本植物図鑑』によれば、れっきとした栽培種である。ではなぜ、これが野生化して路傍《ろぼう》に生えているのだろうか。もともと北アメリカ原産の植物であり、江戸時代の文久年間（一八六一～六四）に渡来したといわれる。地下の塊茎を利用するために栽培されたもののようであるが、塊茎中のでんぷんが良質でなかったり、味がよくなかったりしたため、人家の庭などに花を利用するために植えられるようになったらしい。その性質が強靱《きょうじん》であることも手伝って、野生化したものと思われる。

（中川）

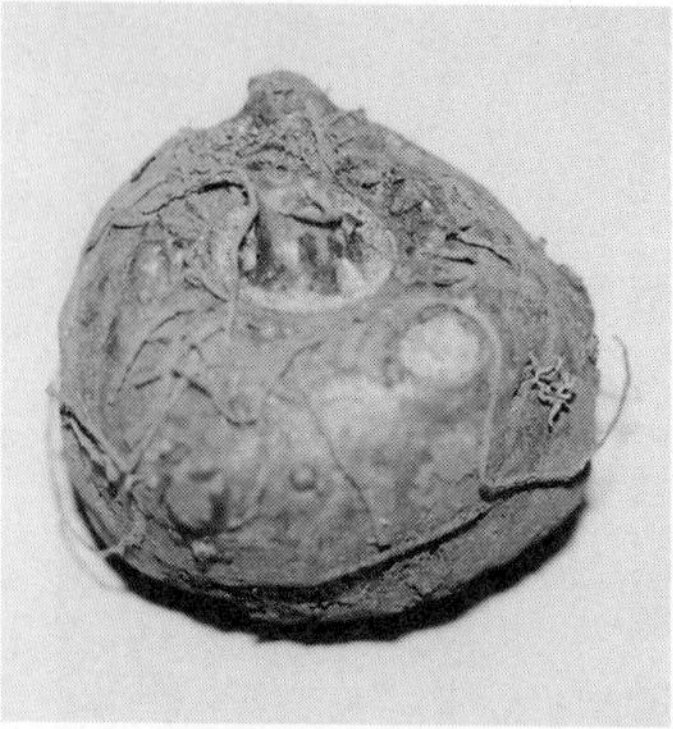

コンニャクイモ

コンニャクイモ

コンニャクイモはサトイモ科コンニャク属の植物で、植物学でも和名はコンニャクという。多年草で、地下に大きな球茎（コンニャクイモ、もしくはコンニャク玉と呼ばれる）ができ、それから高さ一～二メートルの茎のように見える一本の葉柄《ようへい》を直立させる。数年を経て大きく生長した球茎から、初夏に暗紫色で長さ二〇センチ以上にもなる仏炎苞《ぶつえんほう》に包まれた花が咲く（口絵写真）。ミズバショウやザゼンソウなどもサトイモ科の植物で、花の形などがコンニャクに似ている。

加工用のコンニャクイモの収穫までには通常三～四年かかる。春に種芋を植え付け、秋にその種芋からできた「生子《きご》」と呼ばれる子芋を収穫し、冬の間乾燥させながら暖かいところで保管し、翌春に再度植付ける。この作業をもう一年繰り返してできた「三年もの」の芋がこんにゃく加工に使われるのである。

コンニャクイモの主成分である炭水化物は難消化性多糖類のグルコマンナンが大部分を占め、水を吸収すると膨張して、粘度の高いコロイド状態を呈す。これに石灰水などのアルカリを加えて加熱すると、凝固《ぎょうこ》して半透明の弾力のある塊になる。

コンニャクの原産地はインドシナ半島辺りといわれ、日本へは縄文時代にサトイモなどといっしょに入ってきたとする説、仏教とともに中国から伝わったという説などがあり、定まってはいない。コンニャクのことが記されている最も古い書物は、三世紀末から四世紀初め頃に書かれた中国の詩「蜀都賦《しょくとのふ》」であるとされている（蜀は、四川省付近の古称）。

中国で明代（一五九〇）に刊行された李時珍著『本草綱目《ほんぞうこうもく》』に、コンニャクイモの別名として、「鬼芋」「鬼頭」とあるのは、コンニャクイモの見た目からの命名だろう。同書は、「コンニャクは糖尿病に効果があるが、体を冷やすので冷え性の人はたくさん食べてはいけない。腫《は》れ物の患部に擦りつけると効能がある」としている。

現在、雲南省、四川省などの山岳部に暮らす少数民族は、自生しているコンニャクイモを採取して米粉を混ぜてつくる「魔芋豆《モーイ》腐」（現在の中国語で、コンニャクイモは「魔芋」という）を食べるが、全体的にはコンニャクを食べたことがない中国人の方が多い。

また、ミャンマーでも、山岳地帯に住む少数民族が昔から山に自生するコンニャクイモを石灰で固めたコンニャクを食べている。

日本の記録では平安時代中期（十世紀初め）にできた漢和辞書『倭名類聚抄《わみょうるいじゅしょう》』に「蒟蒻」の項があり、蜀都賦のことが引かれ、「灰汁をもって煮れば、すなわち凝成《ぎょうせい》す、苦酒《くしゅ》（＝酢）をもってひたしこれを食す、蜀人《しょくじん》これを珍とす」とある。同じ頃、丹波康頼が書いた『康頼本草《ほんぞう》』には植物として「蒟蒻」の項に「足は辛く寒にして毒あり、和名こにゃく、秋に花あり、赤子はその根に生ずるなり」とあり、十一世紀初めの『拾遺和歌集』にはコンニャクを詠んだ歌がある。

野を見れば春めきにける青つづら　こにゃくままし若菜摘むべく　藤原裕見

当時、「ん」は入らず「こにゃく」だった。

鎌倉時代の書物『庭訓往来《ていきんおうらい》』には「糟鶏《そうけい》」という、コンニャクをたれ味噌で煮た料理が記され、唐伝来の間食《かんしょく》（昼食前にとる簡単な食事）になったとあり、これがおでんの始まりとする説もある。

コンニャク料理は、鎌倉時代以降の仏教の普及とともに精進料理として広まり、室町時代には奈良の興福寺に属する座の一つに「蒟蒻座」があった。室町時代の神職の記録に、コンニャクが神事の後のふるまいに出たことも記されている。

さらにコンニャクが栽培・消費ともに普及したのは江戸時代の十八世紀後半、水戸藩（茨城県北部）の農民、中島藤衛門が荒粉、精粉の加工法を考案してからである。各地での消費の高まり、全国各地で栽培されるようになった。江戸末期には『蒟蒻百珍』が発行される。田楽、刺身、狸汁《たぬきじる》（これは精進料理の一品で、本来タヌキの肉を使っていたものを油で炒めたコンニャクで代用したもの）など七六種類の料理法が載っている。

十八世紀末に松葉軒東井《しょうようけんとうせい》がまとめたことわざ辞典、『譬喩尽《たとえづくし》』には「こんにゃくと糯米《もちごめ》は近江がよし」という語が載っている。京都の人が近江産のコンニャクと糯米を良品として扱ったことに由来し、上方では近江がコンニャク産地として知られていたことがわかる。

コンニャクは原産地もそうであるが、山間地での栽培に適している。気温の高い真夏、葉が日焼けすると腐敗病にかかりやすい

コンニャク（永源寺町にて）。栽培は、水はけがよく日射量の少ない土地が適している。永源寺町では、茶畑に植えられることが多い

ためで、品種改良が進んだ現在の品種は山間地でなくても栽培できるが、根腐《ねぐされ》病などは水はけのよい山間地の方がかかりにくい。コンニャクの根は乾燥した土壌からも効率よく水分を吸収できる構造になっており、少雨の年の方が作柄はよく、特に六月の梅雨どきに多雨であった年は病気の発生を招いて不作になることが多い。

従来は、コンニャクは秋にその年収穫した芋を使って製造されていたが、芋の冷凍保存等が可能になり、機械化も進んだため一年中製造されいつでも入手できる。ノンカロリーのダイエット食品で整腸作用もある健康食品として人気は定着し、地場産の芋だけではまかないきれず、群馬県など国内の産地から移入された原材料を使う製造業者も増えた。その一方で、地場産の芋にこだわり、秋から四月ごろまで期間限定で加工販売している業者もある。

コンニャクは、食用以外に工業用としても広く利用された。ゴムの代わりの電気絶縁体、洗濯用の糊《のり》、印刷に用いるコンニャク版などというものもあった。戦後の化学合成技術の発達でこれらは石油製品に置き換わり、現在の用途はほとんどが食用である。

（久田）

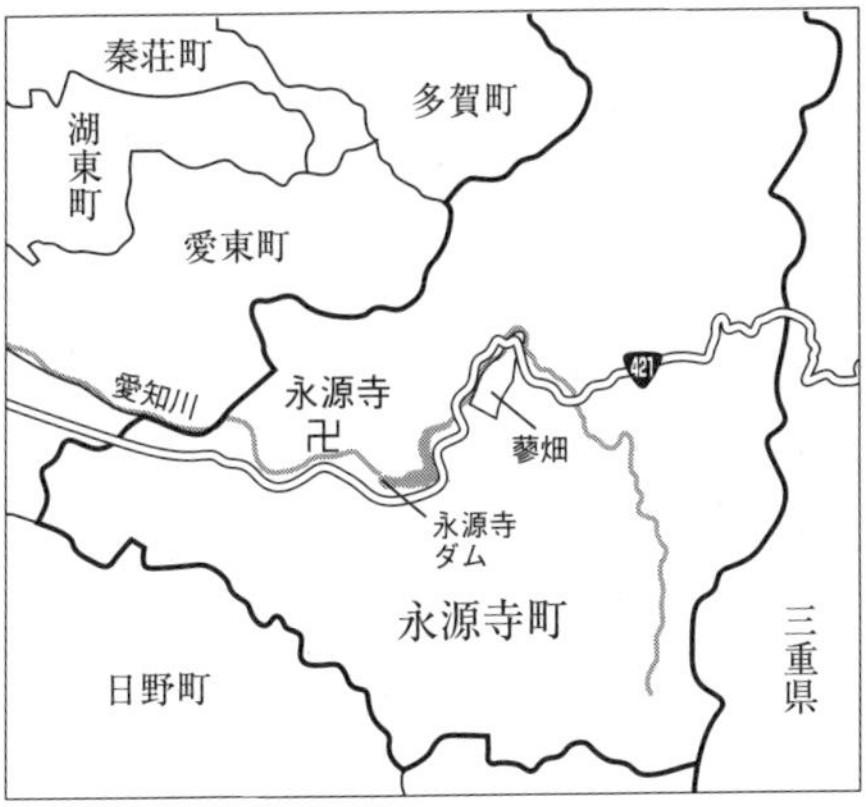

永源寺町の「永源寺こんにゃく」

永源寺こんにゃくの歴史は古く、臨済宗永源寺の開祖寂室元光《じゃくしつげんこう》禅師が中国から種芋を持ち帰ったのが始まりと伝えられている。「政所茶《まんどころ》」と「永源寺こんにゃく」が有名な永源寺町の農家では、茶畑の畝《うね》に種芋を栽培し、木灰《きばい》（草木を焼いてつくった灰）の灰汁《あく》で凝固させてコンニャクを製造していた。現在、企業的な製造ではほとんどコンニャク精粉と消石灰（水酸化カルシウム）を原料として作られているが、蓼畑《たてはた》地区では灰汁で作る製法が伝承されている。

灰汁には広葉樹の灰がよいといわれ、藁灰と茶樹灰をとおして振るって用いる。バケツの上にザルを置き、ザルの上に木綿布を広げ、その中に灰を入れて上から熱湯を注ぐ。藁灰の灰汁と茶樹の灰汁を四：六の割合で合わせる。灰汁の濃度は、藁のぬきんぼで三センチくらいの径の輪を作ってそれですくってシャボンのように鏡になればちょうどよいといわれている。

在来種の芋は歩留まりがよいが、大きくなるのに年数がかかり

コンニャクイモを干す

蒸したコンニャクイモを臼で搗く

栽培しにくいことから、最近ではほとんど作られることがなくなり、在来種と中国産品種をかけあわせた改良種である「赤城《あかぎ》大玉」という品種が作られている。コンニャクイモは三年生のものが使われる。小さい芋はそのまま、大きい芋は二～四個に切って皮つきのまま軟らかくなるまで釜ゆでする。芋のゆで加減はわらずとが突き通るまでを目安にしている。

軟らかくなったら熱いうちに皮をむき臼でつぶす。杵《きね》で小突きをしながら時々しゃもじでひっくり返し、粉が吹いたようになるまでよくつぶす。このとき、粉状によくつぶしておくとコンニャクにするときよく増える。

つぶしたコンニャクを半切りに入れ、一度煮立てた熱いめの灰汁を少しずつ入れながら手でよく練る。力を入れて手早くよく練るのがコツで、これには高齢者の長年の経験が生かされている。

灰汁を加えながら練っていくうちに、だんだんコンニャクの粘りが出て透明感が出てくるので、耳たぶくらいの軟らかさになったら、灰汁でぬらした木枠に入れて、擦り切ってならす。一丁ずつ木板で切りながら灰汁を入れたお湯で約一時間、弾力がでるま

生地を型に入れる。空気を押し出しておく

コンニャク生地を灰汁と合わせてこねる

沸騰した湯の中で１時間ゆでる

でゆでる。出来上がったコンニャクは、食するときあく抜きのため、もう一度、三〇分くらいゆでる。

こうして出来た永源寺こんにゃくは、お醤油染み込みがいいと言われる。

（中村）

出来上がった永源寺コンニャク

かた箱に流し込む

現在は機械化されている赤こんにゃくの製造工程

近江八幡の「赤こんにゃく」

近江八幡市のコンニャクといえば、「赤こんにゃく」としてよく知られている。その起源は、永源寺開創の寂室元光禅師が中国から種芋を持ち帰って始まった永源寺でのコンニャクづくりの製法を、僧から教わった武士が八幡村に広めたと伝わっているが、さだかではない。

「八幡の土人製造する。甚だ大きく味よし」と『近江輿《よ》地志略』に書かれており、十八世紀の初め（享保頃）には土産ものとして売られていた。しかし、これが赤くなったのはいつからかというとわからない。『八幡町史』によると、以前はトウキビ（唐黍）の実の皮を煎じたものを混ぜて着色していたもので、食紅を用いるようになったのは明治以後であるらしい。現在、旧八幡町域で一軒になってしまった近江八幡市為心《いしん》町の「のり松」吉井さん宅を訪ねた。

四代目吉井さんによると、赤こんにゃくは織田信長にゆかりがあるとされているが、正確な文献が残されていないのでわからない。初代が糊《のり》を販売していたので「乃利松」と屋号を名乗ったそうで

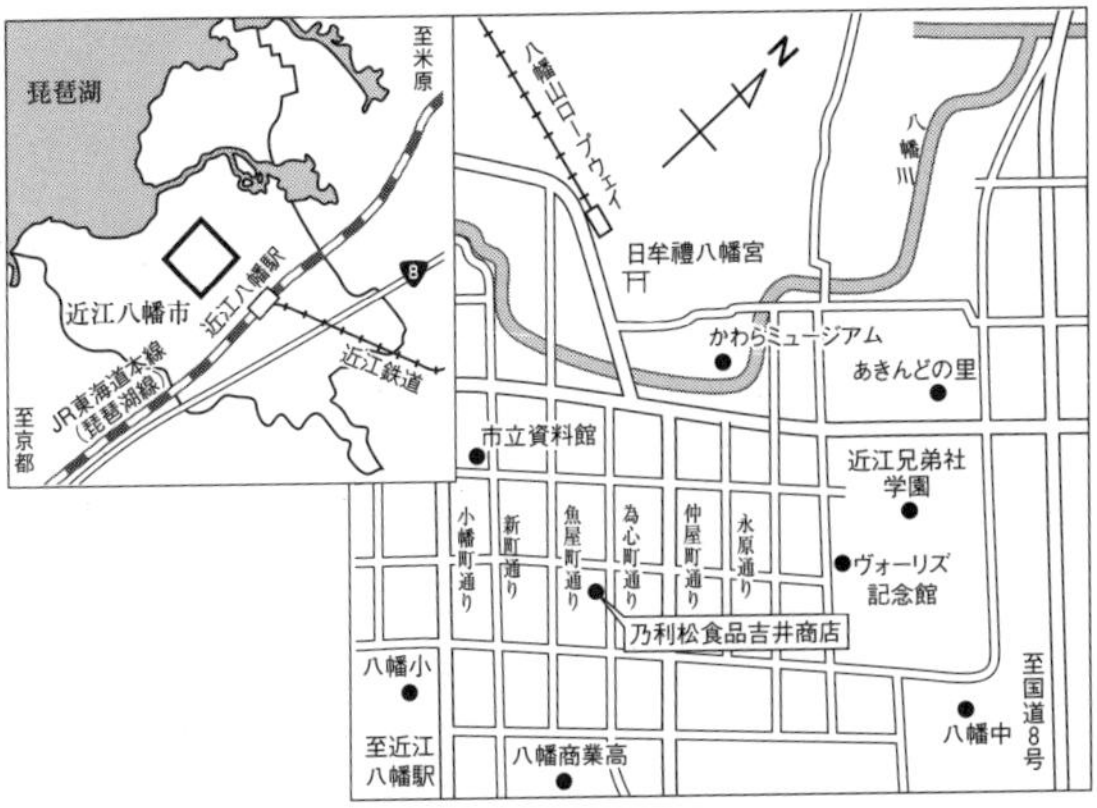

ある。創業は明治二十四年（一八九一）で、当時は同業者が多くいた。

原料は群馬県産のコンニャクイモを使用している。「乃利松食品吉井商店」ではすべて機械化されており、一時間に四〇〇〇丁を製造する。砂状で白っぽいコンニャク精粉を五〇℃前後の湯に溶かし攪拌《かくはん》し一時間ぐらい寝かし、練り機で食品添加物の三二酸化鉄（赤の着色料）を水で溶いたものを加え、さらに練る。かた箱に流す量に自動的に水酸化カルシウム（石灰水）が注入され、六段の木で作られているかた箱に流し込む。三時間寝かし、棒状に裁断して、八〇℃の湯につけあく抜きをする。一四個に切断して、水酸化カルシュウムを注入して包装する。それを八〇℃、三〇分でボイルして製品にする。（竹）

信楽町の「多羅尾《たらお》こんにゃく」

古い歴史を誇る永源寺コンニャクや八幡の赤コンニャク以外にも、県下では大津市の田上《たなかみ》や大石、信楽町などの山間地でコンニャクイモが栽培され、地域の女性グループなどによりコンニャクづくりが行われている。

多羅尾こんにゃく

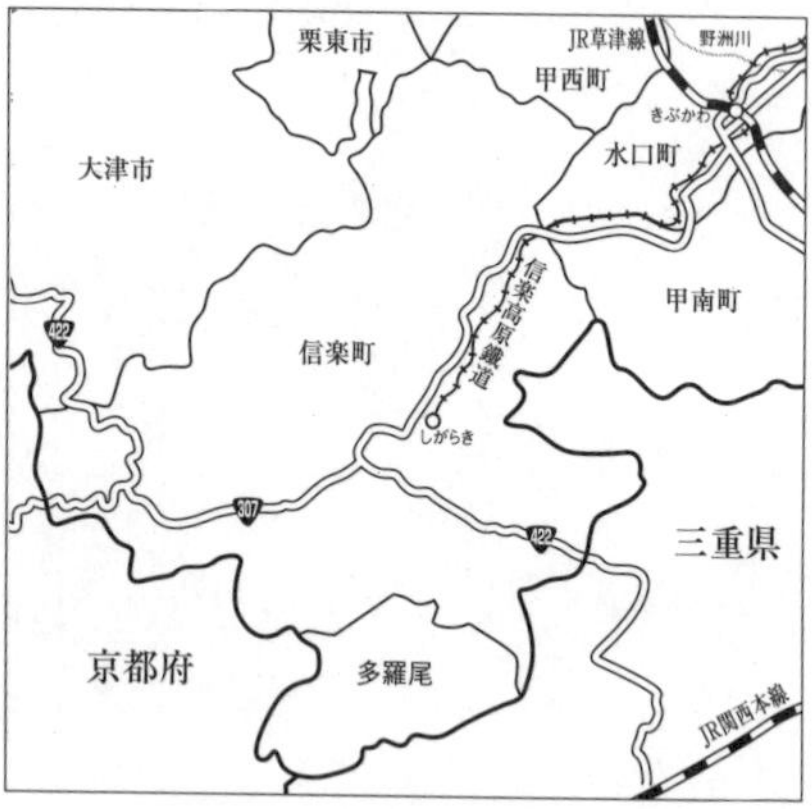

信楽町多羅尾の多羅尾生活改善グループは、いくつもの特産品の生産と直売に取り組んできた。その中でも「多羅尾のコンニャク」は一〇〇%地元産のコンニャクイモを原料とし、年間一万丁を売り上げるほどの人気がある。一般の人にもコンニャクづくりを体験してもらうため、信楽高原鐵道との共催で「こんにゃく・柏餅《かしわもち》づくり」の体験ツアーを開催したこともある。

製造法は、まずコンニャクイモを洗って四つに切って芽を取る。鍋で軟らかくゆで、熱いうちに皮をむく（きれいな皮は残してもかまわない）。二～三センチの賽《さい》の目に切り、重さをはかる。コンニャクイモの重さの三倍の重さのお湯を用意し、芋といっしょにミキサーにかける。五キロ分をタライか大きなバットに入れ、熱湯でといた水酸化カルシウム大さじ二杯を加えて、よくかきまぜる。型に入れて固め、型からあけて、一六丁に切る。大きな鍋に湯を沸かし、コンニャクを入れ、三〇分ゆがいて出来上がりである。

青のりの入ったものや番茶の入ったコンニャクもあり、ほのかな緑色と黄色の美しい彩りをしたコンニャクは、しょうが醤油で刺身コンニャクにして食べると格別である。（小）

桜田門外の変とコンニャク

明治三十八年（一九〇五）から昭和三十二年（一九五七）まで約半世紀のコンニャク産地（都道府県別）の収穫量の推移をグラフにしたのが図1である。最後の昭和三十二年以降、群馬県が独走状態でぐんぐん収穫量を伸ばし、現在では全国生産の九割以上を生産、コンニャク産地といえば群馬県という印象が強いわけだが、明治三十八年段階では茨城県がトップの収穫量を誇っていたことがわかる。

群馬県では、昭和初期から県の主要産業であった養蚕が衰退するなかで、桑畑がコンニャク畑に転換されて急成長していった。産地として知られる甘楽《かんら》郡下仁田《しもにた》町は、富岡製糸場で知られる富岡市の西隣にあたる。

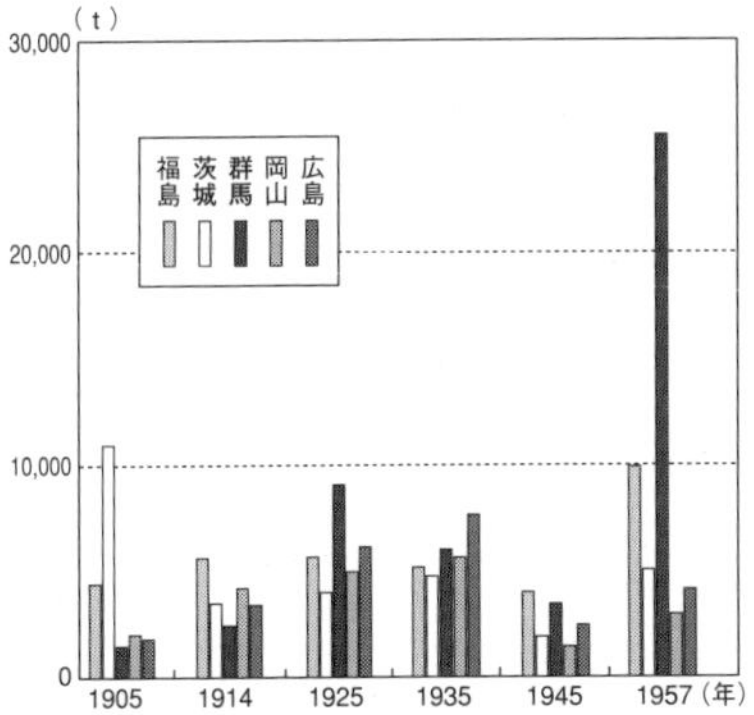

図1　コンニャク産地の変遷（群馬県特作技術研究会編『新特産シリーズ　コンニャク』掲載の図の1965年以降を省略）

図2　茨城県と群馬県のコンニャク産地

一方、茨城県でのコンニャク栽培は、江戸時代の初め、水戸藩二代藩主徳川光圀《みつくに》が明《みん》出身の儒学者、朱舜水《しゅしゅんすい》に明から種玉を仕入れさせ、藩北部の山間（茨城県久慈《くじ》郡）で栽培させたのが最初と伝わる。

水戸藩がコンニャク栽培を奨励するなか、安永五年（一七七六）に中島藤右《とう》衛門《えもん》がコンニャクイモを乾燥させて粉末に加工する技術を発明、大きくコンニャク産地として成長した。粉末化で、江戸や大坂にまで出荷すること、収穫期の冬場だけでなく年中コンニャクを製造して食べることができるようになり、消費量が大きく伸びたのである。

尾張・紀伊と並ぶ徳川御三家でありながら、耕地に恵まれず財政難にあえいでいた水戸藩を、山地栽培に適したコンニャクが救ったといわれ、その重要性は幕末まで引き継がれる。

コンニャク栽培と並び、徳川光圀に始まるとされるのが水戸学である。光圀が天皇家の歴史を記述した『大日本史』を編纂したことをきっかけにおこった水戸学は、儒学思想を中心に、国学・史学などを結合させて皇室の尊厳を説き、幕末の尊王攘夷《そんのうじょうい》運動に多大な影響を与えることになる。

病弱だった十三代将軍徳川家定の後継者として、紀州徳川家の慶福《よしとみ》（のち家茂《いえもち》）と、水戸藩の徳川斉昭《なりあき》の七男である一橋慶喜《よしのぶ》の二人が候補にあがった。安政五年（一八五八）、大老職についた彦根藩主井伊《いい》直《なお》弼《すけ》は日米修好通商条約に調印、家定の後継者を紀州の慶福に決める。これに対して、斉昭と尾張徳川家が抗議すると、直弼は斉昭らに蟄居《ちっきょ》（謹慎処分）を命じた。

さらに直弼は、安政五～六年（一八五八～五九）にかけて尊王攘夷派に対する弾圧として、いわゆる安政の大獄をおこなう。水戸藩では家老一名、家臣二名、藩士一名が死刑となり、斉昭は再び国許永《くにもとえい》蟄居の処分となる。

これに憤慨した水戸藩と薩摩藩の浪士らが、井伊直弼を襲ったのが、桜田門外の変である。その実行隊長にあたる水戸浪士、関《せき》鉄之介に軍資金（二〇〇両という説が有力）を提供したのは、コンニャク生産の中心地、久慈郡袋田《ふくろだ》にあった蒟蒻会所を取り仕切っていた桜岡源次衛門《げんじえもん》。逃亡中の関鉄之介を一年余りもの期間かくまってもいる（その後、関は越後へ逃れるがついに捕らえられ、江戸で斬首される）。

コンニャクの粉化に水車動力を導入、近在の農家による同業者組合を作り、取引市場の整備のために蒟蒻会所を設立するなど、水戸藩産コンニャクの製造・販売に多大な功績があったことで知られる桜岡は、水戸藩改革急進派（＝藩校弘道館で水戸学を学んだ尊王攘夷派志士）の有力支援者でもあった。（編）

第二章　芋料理

▲籾殻にサツマイモを埋めて焼く焼き芋

▼棒ダラとサトイモの煮物

里芋のふくめ煮

サトイモのふくめ煮

サトイモは生育形態が親芋の周りにたくさんの小芋ができることから、縁起のよい食べ物としておめでたい料理には多く使われる。正月や祭礼などの行事には必ずと言っていいほど使われ、その中でも「サトイモのふくめ煮」は主役である。またそのふくめ煮は味つけ次第でその家の料理がわかると言われるぐらいで、おふくろの味の代表として親しまれている家庭料理でもある。それはじっくりと時間をかけて煮ふくめた美味しい煮物として、昔から受け継いでいる素朴なお惣菜である。

作り方は、きれいに洗ったサトイモを包丁の背で一個ずつ皮をこそげ、大きいものは二つに切って水につけ、そのサトイモの水気を切り、塩を少々ふり押し転がしながらもんでぬめりを出しそのぬめりを水で洗い流す。鍋に湯を沸かし沸騰してから二～三分間ぬめりを取ったサトイモをゆがく。ゆでたサトイモはぬめりを水で十分に取り除き、サトイモとだし汁を入れ火にかける。煮立てば出来上がりをきれいにするため浮き上がる泡とアクをていねいに取り除く。味つけの砂糖、薄口醤油と味醂の調味料の約半分の量を入れ、落しぶたをして弱火で煮る。

しばらくして残りの半量の調味料をさらに入れ、煮汁が三分の一程度になるまでじっくり煮る。器に盛りユズのすりおろしやユズの皮の千切りを散らすと香りがよい。

（長倭子）

雑煮

小正月にくらべて元旦正月は行事が少ない。元旦は、初水を汲み、それで湯を沸かして福茶を飲み、雑煮を食べることぐらいである。氏神や惣堂、檀家寺へ参り、親戚や親しい家を回って年頭の挨拶をするようなことは次第に薄れて、著名な社寺へ遊びを兼ねて初詣するのはまだしも、海外旅行で不在の家まで現れている。

もともと正月の神祭りは大晦日の夜から始まっていた。祖霊神を迎え、神棚、仏壇、年神、竈神《かまどがみ》、井戸神（水神）、臼や農具、便所神に至るまで供え物をして明かりをともし、静かに忌み籠もって元旦（元日の朝）を迎えるのが正月の過ごし方であった。このため、子供たちも遅くまで起きていても叱られなかった。水の恩を送る（水に感謝する）、夜通しする、少なくとも十二時をすぎるまで寝ないで起きている習わしがあった。NHKの紅白歌合戦はラジオの時代から続いている長寿番組が、おそらくこの慣習をうまく利用したのが、長く続いている秘訣ではないかと思う。

雑煮とは、神に供えたものを下げていっしょに煮て食べたものの意で、正月の儀礼食となっているが、これは江戸時代以降の習慣で、それ以前は来客のもてなしとして正月以外にも食べた餅入りの羹《あつもの》である。

永正元年（一五〇四）の『食物服用之巻』の初献の膳に「餅、丸あわび、いりこ、焼きくり、山の芋、里芋、大まめ、汁たれみそ」の雑煮が記され、茶の湯の記録である『松屋会記』（一五六一）では、二月二四日の二の膳に「山の芋とシセン（くわい）の汁の雑煮」が出されている。しかし、『日葡《にっぽ》辞書』（一六〇三）には、雑煮は正月の食物とあるので、十七世紀初頭には正月の儀礼食とされる

湖南・湖西地域でみられる白味噌仕立ての雑煮には、サトイモ（頭芋や子芋）が入る

ようになったことがわかる。

文化庁が全国に雑煮を募集して選んだ、「お雑煮百選」をみてもわかるように、正月の雑煮は地方色があり、じつにさまざまである。雑煮餅が丸餅か角餅かは、三重県・滋賀県と石川県の手取り川以西が丸餅とされ、汁は、近畿地方とその周辺が味噌仕立て、それ以外は醤油仕立てとされる。県内でも岐阜県に近い地域は澄まし汁の雑煮にするところもあり、厳密には主婦の出身地などに関係して家ごとに異なる。

県内では京都に近づくほど京風の白味噌雑煮の影響を受けていると見られ、雑煮の具にサトイモが用いられる。男子は出世して人の頭になるようにと椀に入りきらないほど大きい親（頭）芋を食べ、女子は子だくさんに恵まれるようにと子芋を入れたりする。正月三ヶ日は刃物を持たないとして、雑煮の具は暮れに皮をむいて準備をしておく。子芋は芋棒といって棒ダラと煮たり、芋だけの煮染めにして正月料理に出される。

また、愛知川沿いのムラには餅なし正月といって、暮れに餅搗《つき》きをしない家があった。このため、元日には鏡餅もなく雑煮に入れる「ハマグリ」と呼ばれる小餅もないので、サトイモの大きな頭芋を入れただけの味噌汁を雑煮として食べた。伝説では、織田信長が攻めてきたとき正月の準備中で、すでに餅を搗き終えていた家は今も餅を搗き、まだの家はその時以来正月が過ぎてから餅搗きをしているという。

芋中心の餅なし正月の習俗は、稲作以前の畑作文化の痕跡かと見る向きもあったが、稲作優先地に多く分布し、餅を前提とした餅正月の一類型で、餅に表象される正月儀礼が、じつは芋や麺類を含めた複合的な性格をもつ食生活から生み出されたものと解されている。

（長谷川）

棒ダラとサトイモの煮物

昔も今もお正月料理には欠かせない一品である。京都の「芋棒」は有名だが、湖北では略さず普通に「棒ダラとサトイモの煮物」と言っている。

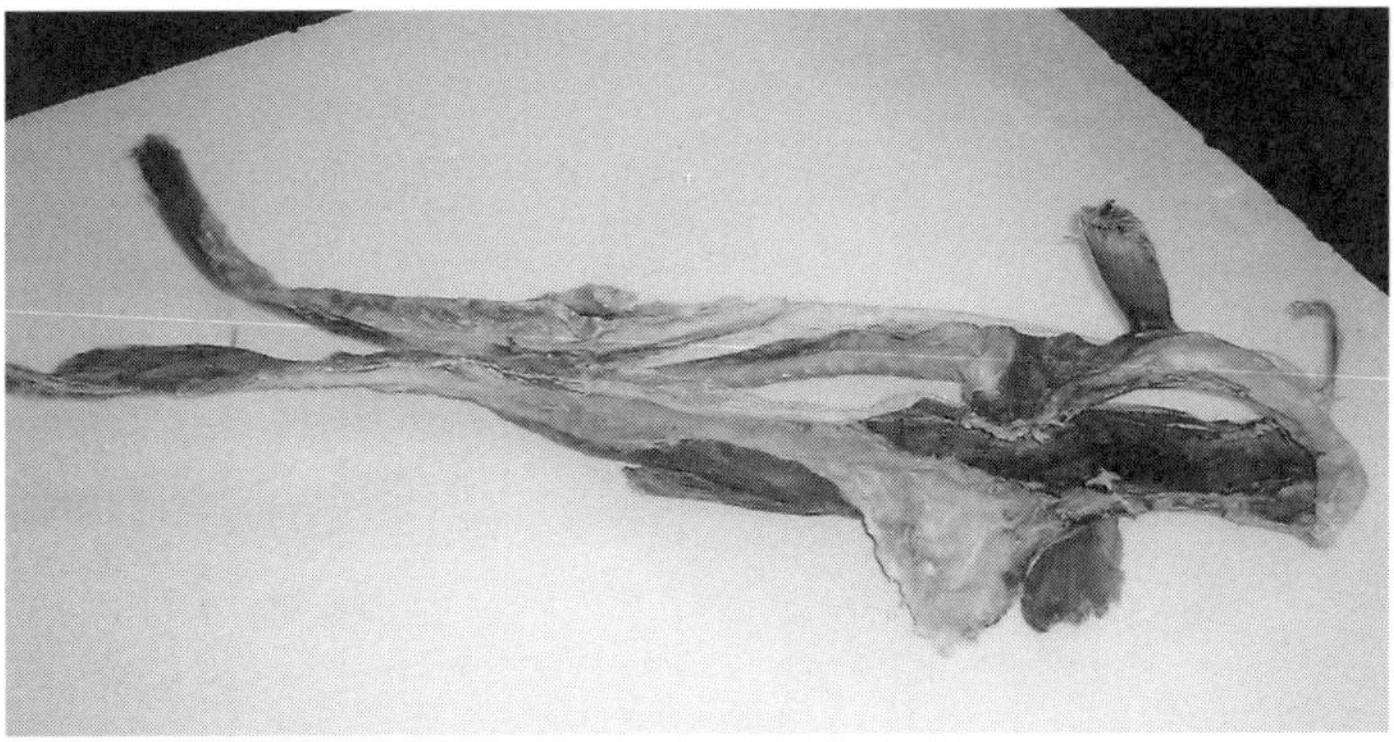

棒ダラ

棒ダラは、マダラという魚を三枚におろし頭と腹の部分をとって天日で硬く乾燥させたものなので、日持ちがよい。雪深い山里に住んでいた人たちは、地元でとれた柴（細い木枝）などをリヤカーいっぱいに積み、近くの町まで持っていき、その後空っぽになったリヤカーに子供たちの衣類、家族の日用品、保存できる棒ダラなどの魚を買ってお正月を迎えた。

サトイモ（タイモとも呼ばれる）は畑にたくさん植えて冬の保存食にした。芋穴を掘り、叺《かます》（藁で編んだ袋）にヤマイモ、ゴボウなどといっしょにサトイモも入れて土に埋め貯蔵していた。最近は見られなくなってしまったが、家の前に流れている小川を利用して芋洗い機（芋車ともいう）でサトイモを洗っている光景もよく見られた。

棒ダラは硬くて、すぐに炊けないので、お正月の十日ほど前から、米のとぎ汁につけておく。芯まで柔らかくなったら、大きめのぶつ切りにする。ぶつ切りにした棒ダラと水、砂糖、醤油、酒を一度に入れコトコトと気長に煮る。棒ダラが炊きあがったら鍋から引き上げる。煮汁の残った鍋の中に一度サッとゆがいておいたサトイモをコトコト煮る。お皿にサトイモ、棒ダラをいっしょに盛り付けば出来上がりである。
（三）

サトイモのイカ（するめ）煮

サトイモはするめといっしょに煮つけると、するめのうま味で芋がおいしくなる。今は生のイカが簡単に手に入るのでそちらを使うが、昔はほとんどするめといっしょに炊いた。

小芋を芋洗い機に入れて、川で転がせて洗う。芋を鍋に入れてゆで、ぬめりをとっておく。芋が固ゆでになったら、湯を捨てる。ここで芋の形がくずれないように注意する。

芋の上に、さいたするめを入れ（サトイモ四〇〇グラムに対し、するめ一枚）、醤油、砂糖で薄味に味つけし、弱火でじっくりと煮込む。芋の形をくずさず、しかもふっくらと炊きあげるのがコツである。火を止めてからしばらく置いて、サトイモに味をしみこませる。ダイコンもいっしょに入れて炊く場合もある。
（堀）

サトイモのイカ煮

カンピョウとサトイモの煮物

カンピョウとサトイモの煮物

昔から直会《なおらい》や人寄りの際にサトイモはいろいろな食材と炊き合わせたりそれだけで煮物などにされてご馳走として出されている。滋賀では棒ダラの他、カンピョウと炊いたり、三度豆（インゲン）や小豆といっしょに炊いたりする。

カンピョウは普通は巻きずしの芯にしたり、昆布巻きに使ったりするが、ここでは主な材料として贅沢に使われる。近年はカンピョウ干しをする光景もあまり見られなくなってきたが、日向で乾燥させたカンピョウは早く戻り、よい香りがしてサトイモとよく合う。

県下では甲賀郡水口町がカンピョウの名産地として知られているが、そのあたりではカンピョウのからし味噌和えや宇川《うかわ》ずし、味噌炊きなど、カンピョウが主となる料理がある。カンピョウは野菜を干して保存するという優れた方法で加工したもので、凍結乾燥野菜のように生野菜のままには戻らないが、食物繊維の割合

サトイモとインゲン豆の煮物

が高くなっているので腸の蠕動《ぜんどう》運動を促す。

カンピョウはユウガオの実を輪切りにし、ナカゴと言われる種の部分をくり抜き、カンピョウむきで薄いひも状にむく。それを竿にかけて土用の頃で二～三日干すと出来上がる。

カンピョウとサトイモの煮物は、カンピョウ六〇グラムを洗って塩もみし、しんなりすれば五センチぐらいに切り、五本ぐらいをひとまとめにくくる。それを軟らかくなるまでゆでる。一方、サトイモの方は約四〇〇グラム準備し、皮をむき二センチぐらいの球状に面取りしておく。だし汁に軟らかくなったカンピョウと面取りしたサトイモを入れて煮る。サトイモが少し煮えた時に醤油大さじ三杯と砂糖大さじ一杯、みりん大さじ一杯を加え、サトイモが十分軟らかくなるまで煮ると出来上がる。この場合サトイモは下ゆでしないで用いるが、その方がこってりとしたおいしい味に仕上がる。

そしてカンピョウの旨みとほどよく合い、軟らかくなるので家族皆で楽しめる。カンピョウもサトイモもよく保存できるので、いつでも一皿作れるのが魅力である。（小）

いとこ煮

いとこ煮

いとこ煮は、小豆をサトイモやカボチャといっしょに煮たものをいう。滋賀県では小豆との組み合わせで、湖北地方でサトイモが、湖東地方でカボチャが使われることが多い。しかし、湖西地方ではサトイモやカボチャに代わって、サツマイモも使われている。また、コンニャクやニンジン、レンコン、カンピョウなどを加えている所もあり、地域や家庭により少し異なったものもみられる。

いとこ煮がよく食べられるのは、親鸞上人《しんらんしょうにん》の命日（御取越《おとりこし》、報恩講）や葬祭、法事の時で、お膳のつぼに使われたりする。滋賀以外でも、親鸞上人の教えである浄土真宗が盛んな地域、北陸地方などでよく食べられている。

なぜ、小豆がサトイモやカボチャと出会ったのだろうか。そもそも小豆は、豆の色が赤いことから特別な意味を持つ（邪気を払うなど）と考えられ、またその薬効などから、日本人が古来より特に重要に扱ってきたものである。昔から赤飯にしたり、大切な餅といっしょに食べられることが多かったのだが、サトイモなどの野菜といっしょに食べられるようになったのは、親鸞上人が小豆を好物とされていたことによる。上人の命日に、秋の収穫物のサトイモなどと好物の小豆を使ったいとこ煮を出したのである。

いとこ煮の名前の由来については、いろいろな説がある。江戸時代初期に書かれた料理書『料理物語』には、小豆、ゴボウ、イモ、ダイコンなどをいっしょに煮るときは、堅いものからおいおい(甥甥)煮るから、すなわち従兄弟煮というと記されている。

また、同じ畑でとれるものとはいえ、異なる作物である小豆とサトイモなどをいっしょに煮ることから、従兄弟たちという意味とする説、ぜんざいで使うところの餅をサトイモやカボチャに代えているので、ぜんざいの従兄弟関係にあるとする説などがある。

小豆はたっぷりのお湯でゆでこぼしたあと、軟らかくなるまで煮ておく。サトイモ、あるいはカボチャは一口大に切り、ゆでておく。それら小豆とサトイモ、あるいはカボチャに、だし汁、砂糖、塩、醤油を加えて煮る。黒砂糖で煮るところもある。いずれにせよ秋までに収穫された野菜などを、秋の夜長にじっくり時間

芋つぶし

をかけて煮たのであろう。とりわけ行事の時には、砂糖もたっぷり使っておいしく作られるので、皆の楽しみであったという。

（坂）

芋つぶし（芋ねり）

十月から十一月にかけて青ズイキを掘り起こすと、親芋の周囲に多数の小芋がいくつもいくつもついている。

芋つぶし、あるいは芋ねりは、サトイモのぬめりを糯米の代わりに利用した手軽なおやつで、サトイモが採れる時期におもに食べられていた。地域的には湖東や湖南地域でやや多いが、全体的にみると他のサトイモ料理に比べ、現在滋賀で食べられている割合は低く一割に満たない。

一般的な作り方は以下のとおりである。粳《うるち》米を洗って普通の水加減で二〇〜三〇分間放置する。その間に、米一カップに対し約一二〇グラムのサトイモの皮をむいて軽く塩をまぶしてぬめりをとる。水で洗ったのち、五ミリくらいの輪切りにして米の上に載

ご飯とサトイモをすりこぎで均一につぶしているところ（「滋賀の食事文化」（年報）第８号より）

せ塩加減をして炊く。

しばらく蒸らしたのち、ご飯とサトイモをすりこぎでつき混ぜて均一にする。一個五〇グラムくらいの俵形か、卵形にまるめたのち、きな粉に砂糖を混ぜたものか、ゴマをすって砂糖と醤油を加えたものを表面にまぶす。きな粉とゴマの香りが食欲をそそる。温かいうちに口に入れると、サトイモ特有の粘りと軟らかさで口触りはよく、素朴な味がおいしい。

一方、耕地面積が狭く米の収量が少ない湖西の山間の地域では、芋ねりといい、米を節約するための食べ物であった。この地域では、粳米とえぐ味が少ない赤ズイキの親芋を炊いて作るほか、冷ご飯に軟らかく炊いた親芋をつき混ぜて形を作り、醤油をつけるか、醤油をつけて香ばしく焼き、ダイコンおろしで食べられた。

芋つぶしは、地域によって「芋ねり」などとも呼ばれ、材料や形、食べ方など色々と変化に富んでいる。米については、粳米の他、粳米に糯米の玄米（割れ米）や精白米を加えたり、そして、サトイモは、小芋の他に親芋を用いるところも多い。玄米を加えると、プツプツした歯触りがおいしさを倍加する。

また、味つけとして表面にまぶすものは先のきな粉やゴマ、醤油の他、味噌と砂糖を火にかけて練った砂糖味噌、ゴマ味噌だれ、砂糖醤油など多種多様である。（串）

あられとサトイモ

あられは、かつて農村地域の家庭でよく作られていたものである。乾燥したあられを煎ると、大きく膨れて口当たりがよく大人も子供もよく食べていた。あられの膨張剤には、砂糖、卵、重曹《じゅうそう》を加える。さらに大きく膨らませるために、サトイモをすりおろして加える方法が昔から行われてきた。皮が透けて見えるほど大きく膨れるので「ふくれあられ」と言われている。

サトイモを使うあられの作り方は次のとおりである。糯米《もちごめ》は十分に洗い、三〜四日間水に漬けておく。これをざるに上げ水気をよく切って蒸し器で蒸す。蒸し上がったら、餅搗き機で搗く。搗きながら塩、溶き卵、砂糖を入れる。別に、サトイモの皮をむいて

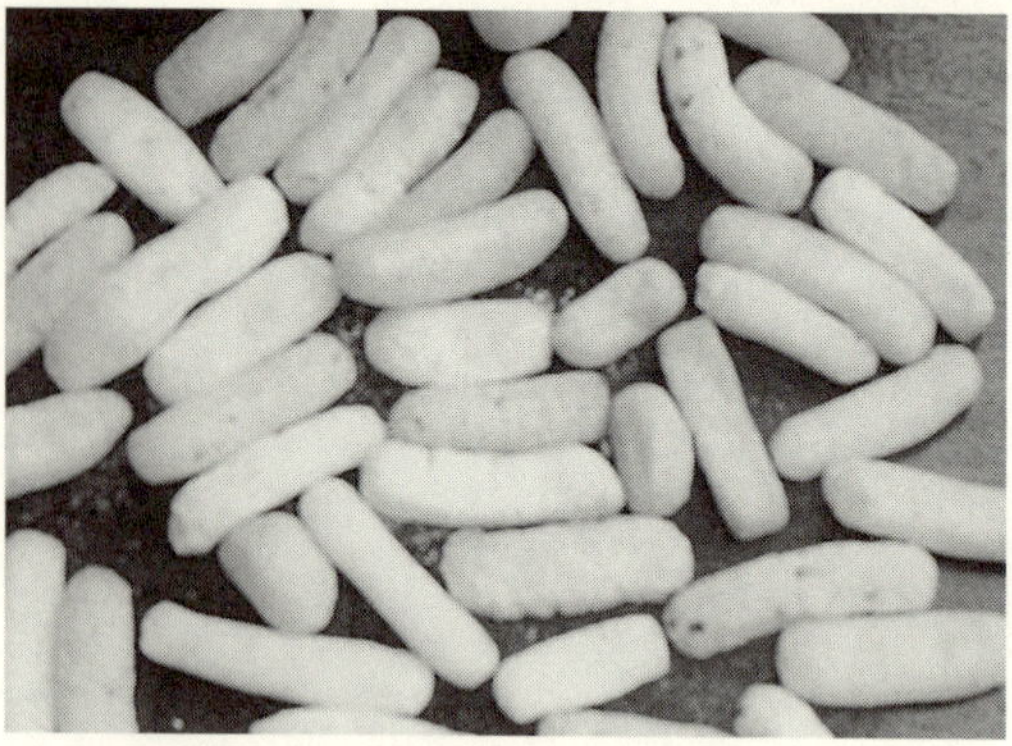

サトイモを入れてふくらませたあられ

すりおろしたものを用意しておき、餅の生地が冷めてから加える。サトイモには、特有のぬめり（粘質物）があり、空気を抱きこんで膨張剤の役割を果たすのである。ただし、サトイモを加熱すると、粘質物はでんぷん粒子内に閉じ込められるので、膨張材としての役割が果たせなくなる。したがって、生のサトイモをすりおろし、餅の生地が少し冷めてから加えるのがポイントとなる。

サトイモの分量は、各家庭の作り方により少しずつ異なるが、一般的には糯米三キログラムにつき、すりおろしたサトイモ二〇〇〜三〇〇グラムを入れる。砂糖は五〇〇グラム、卵は五個、重曹は三〇グラム入れる。サトイモを六〇〇グラムくらい加える場合もあるが、砂糖、卵の量を少なめにして、重曹は使わない。

サトイモの量が多くなると、生地を乾燥してもあまり固くならないので、お重など底の浅い容器に生地を薄く広げて乾燥すると、さいころ状に切るときに楽である。

（野崎）

赤ズイキの酢あえ

赤ズイキの酢あえ

ズイキは味噌汁の他にも、酢の物、煮物、和え物としても広く利用される。赤ズイキは皮をむく手間も省け、さっとゆでて酢を加えると、赤く鮮やかに色をかえ、しゃりっとした肌触りとなる。昔は蒸籠《せいろ》で蒸して、ズイキを色よく仕上げたものである。

酢、味噌、砂糖を混ぜ合わせ、三センチほどに切ったゆでた赤ズイキを加えて、すりゴマをふると、酢の料理として食欲のない時にも喜ばれる。またゆでた赤ズイキを炒り鍋（フライパン）で炒り、水分を飛ばして合わせ酢であえると味もしっかりする。酢あえは赤ズイキとすりゴマを入れるほかに、麩を加えると栄養的にもよく、あえ物の量を増やすことができる。酢あえは昔から、日常的に身近にある材料であえたものである。酢あえを「どろ酢あえ」と呼ぶ地域もある。

（肥）

干しズイキの煮物

干しズイキの煮物

晩秋に掘り起こしたサトイモの茎を天日乾燥させ、干しズイキ（イモガラ）として、湖北ではよく料理に用い、ショウレンという独特の呼び名で親しまれている。

干しズイキは独特のにおいと歯ざわりを持ち、郷愁感あふれる食材である。干しあげることで、えぐみを除き、しこしことしまった味わいになる。

何といっても干しズイキによく合うのが油揚げである。煮物にする時は、干しズイキを三センチぐらいに切った後、水またはぬるま湯に浸す。一時間もするとしまった干しズイキが太り、熱湯にさっと通す。ザルに上げ軽く絞る。鍋にカツオだしを作り、醤油、砂糖、酒、みりんで調味し、油揚げと、戻した干しズイキを入れて中火から弱火で煮込む。汁を多く吸収するので薄味がよい。

また小芋を利用して干しズイキといっしょに煮ると、かさも増え、秋取り野菜が利用できる。鍋にカツオだしを作り、醤油、砂

油揚げと干しズイキの煮物

糖、酒、味醂で調味し、湯通し（さっとゆでる）した小芋、ダイコンを入れニンジン油揚げを加え、その中へ干しズイキを入れてぐつぐつと煮る。干しズイキの香りが芋にしみて、ふる里の味を引き出す。煮物にはいずれもすりゴマをふると一層おいしく食べられる。

干しズイキはこの他、味噌汁の具としても用いる。水で戻した干しズイキを、さっと熱湯に通し軽く絞り、小芋、油揚げ、青ネギの中へ入れる。だしを加え味噌を入れて味噌汁を作る。ナスの味噌汁の中へ干しズイキを混ぜても、歯触りが楽しめる。またゆで大豆といっしょに炊いてもよい。

冬の間軒下でかわいた干しズイキを網の中や、缶に保存し、冬の寒い時期に煮物に使ったり、味噌汁の具に用いて、蛋白質や鉄、カルシウムを補ったのではないだろうか。

（肥）

とろろ汁
紅鉢にすりおろしたイチョウイモを入れ、味噌汁（手前の鍋）を加えて、すりこぎで伸ばす。

とろろ汁（芋汁）

イチョウイモは、他のヤマイモに比べてアクが少なく、とろろ汁（芋汁）などの生食に向いている。芋が大きくなる冬になると山へ掘りにいく。自家用に平地の畑にイチョウイモを栽培する家もあった。

イチョウイモが手に入ったら、まず味が濃いめの味噌汁をつくっておく。皮をむいたイモをおろし金ですり、紅鉢《べにばち》の中で味噌汁と混ぜて伸ばす。すり鉢を使ってすりこぎで伸ばす例もあるが、芋の粘りを切ってしまうので、必ず紅鉢を使う。

これを熱いご飯にかけて、温かいうちに食べる。どちらかというと男性が好む食べ物で、自分で掘ってきて、自ら調理した。

煮立った味噌汁の鍋の中にすったとろろを入れてつくるやり方、刻みネギやもみ海苔をふりかけたり、生卵を加える食べ方もある。（堀）

ムカゴがなっているようす

ムカゴご飯

秋が深まる頃、ジネンジョの黄色く色づいた葉の付け根に、大きさ一〜二センチほどの茶色い丸い実がたくさん付いているのをみかける。これはムカゴといって、実ではなく芽が栄養を蓄えて変形した球芽というものである。野山に生えるジネンジョ以外にも、畑で栽培されるナガイモやツクネイモなどのヤマイモの仲間にもムカゴはできる。ジネンジョは薄い膜に包まれたひらひらと風に運ばれる種で増えるほか、このムカゴが地面におちて芽を出し、翌年に小さなイモになることでも増えていく。

ムカゴを一つずつ摘もうと指を伸ばしても、逃げるようにつるからポロリと落ちて、すぐに下草の中に隠れてしまう。草をかき分けても、ムカゴの色は地面に落ちると見つけにくい。うまく集めるにはツルの下に雨傘を逆さまに地面に刺すか、引っかけて、棒でツルを軽くたたくとパラパラと落ちてきて一度に集めることができる。芋の子どもを思わせる茶色い皮を割ると、中身はヤマ

ムカゴご飯

つみ取ったムカゴ

イモと同じように白くねばりがある。これを皮つきのまま塩ゆでにしたり、炒ったり、串に刺して油で揚げたりしてヤマイモとはまた違った味を楽しむことができる。
　その中でもムカゴと米をいっしょに炊き上げるムカゴご飯は、簡単にできてよく知られた料理だ。まず始めにムカゴを洗うには、すり鉢の中に少しの水を入れ、ムカゴをこするように洗うと汚れがよく落ちる。米をといで普通の水加減か、少し多い目に調整したあと、米の量の三分の一から五分の一を目安にお好みの量のムカゴを皮付きのまま入れ、少し塩味をつけて炊き上げる。ムカゴの量が多いと皮の色が移って、色つきのご飯に炊きあがることもある。塩味だけでも十分にムカゴのおいしさを引き出せるが、お酒や昆布だしで味を加えたり、キノコや山菜入りの炊き込みご飯風にしてもよい。ご飯に糯米《もち》を加えると、粘りがでておいしさが増す。
　炊き上がったらムカゴがつぶれないように軽くご飯を混ぜあわせ、少し蒸らしたあとにいただく。ほくほく、もちもちした味が塩味のご飯とあわさり、すこしアクのある風味もおいしさのうちだ。秋の季節を感じさせる料理である。
（桑）

薯蕷《しょよ》まんじゅう

（一般には、「じょうよ」、または「じょうよう」まんじゅうと呼ばれる。）

薯蕷とはヤマノイモのことで、皮の膨化のためにヤマノイモをすりおろして入れたまんじゅうを薯蕷まんじゅうと呼んでいる。すりおろした際に気泡がたくさん形成され、それが加熱により膨張し、膨化剤として働く。薯蕷まんじゅうにはツクネイモと呼ばれる塊状の粘りの強いヤマノイモが使われる。京都府の丹波や奈良県、石川県産のものがよく使われているようである。。

薯蕷まんじゅうの作り方は次のようである。

まず、こしあん四〇〇グラムを用意し、十二等分し、丸めてあん玉を作っておく。イモの皮をむきその六〇グラムを細かいおろし金ですり鉢の中にすりおろす。その中にふるった砂糖一二〇グラムを少しずつ加え、すりこ木ですり混ぜる。ここで十分にすり混ぜておくとふっくらと蒸し上がる。

それにふるった上新粉または上用粉九〇グラムを入れ、粉をすくいかけては二つに折りたたみ、手のひらの付け根で押して粉を

薯蕷まんじゅう

生地に入れていく。粉の七～八割を入れたところでちぎってみて「スポッ」という音がしたら、粉が残っていても混ぜるのをやめる。イモと砂糖と粉の基本の割合は一：二：一・五であるが、イモの硬さや粘りの程度によって加える粉の量が変わってくる。イモの粘りが強すぎる場合はイモに少し水を加えると軟らかく仕上がる。

生地を十二等分にちぎり丸める。上新粉を手粉にして、生地を左手のひらにのせ、右手のひらで押し広げて直径五センチぐらいの円にする。それであんを包み、形を整え敷き紙の上に置く。

蒸し器に間隔をあけて並べ、ふたに布巾を巻いてふたをし、強火で約一〇分間蒸すと出来上がる。

入学祝いやお宮参りのおめでたい時の内祝いには紅白まんじゅうが配られるが、そのまんじゅうは皮にツクネイモが入った薯蕷まんじゅうであることが多い。イモの入ったまんじゅうはふくらし粉が入ったまんじゅうに比べしっとりとしておいしい。

ツクネイモが採れるのは十一月から三月頃までなので、和菓子屋さんは芋の貯蔵に苦労される。その方法の一つはひき粉を少し湿らせてその中に入れて常温で置く方法であるが、ポリ袋に入れて冷蔵庫の野菜室に入れておくという方法もある。また、六月になったら皮をむいて一キログラムごとにすりおろし、冷凍保存するとよいそうである。薯蕷まんじゅうは上用粉（上新粉の細かいもの）を用いるので、「上用まんじゅう」とも書かれる。

前述（秦荘町の「やまいも」）のとおり、昭和初期に作付面積一〇ヘクタール前後、約一〇〇トンのヤマノイモを生産していた秦荘町（当時は秦川村《はたかわ》）には、次のような戦時中のエピソードがある。

昭和十八年、秦川村東出《ひがしで》の中村忠兵衛は、時局柄、栽培継続の難しかったヤマノイモの栽培を滋賀県農政課に申請して二・五ヘクタールに限って許可を得た。そして、そばやそば菓子を宮内省へ納めていた大津市坂本（当時は滋賀郡坂本村）の老舗そば店「鶴喜《つるき》そば」に、菓子のつや出し原料としてヤマノイモを納入、あわせて天皇家や皇族へもヤマノイモを献上した。ヤマノイモでつやを出したそば菓子とはそばまんじゅうのことであろう。そば粉と上新粉にヤマノイモをすり込んで練り合わせた皮に餡《あん》を包んで蒸し上げる、薯蕷まんじゅうの一種である。（小）

芋粥

芋粥、芋飯

食糧とされる作物の中で面積当たりのエネルギーの生産量がもっとも大きいサツマイモは、日本では近世以来救荒作物として栽培され、エネルギー源として大きな役割を果たしてきた。滋賀県でも昭和の初期、農家では、サツマイモの収穫時期になると芋飯が食べられていた。

しかし、なんと言っても芋飯や芋粥が盛んに食べられたのは戦中戦後の食糧難の時である。戦後間もない頃には、小学校の運動場がサツマイモ畑になった所もある。当時、米はもちろんのこと、ジャガイモ、サツマイモ、サトイモなども配給であった。これらの芋を使って芋飯や芋粥を作った。ジャガイモもサツマイモも皮をむかずに賽《さい》の目に切り、さっと水にくぐらせ、少量の塩で味をつけ、米とともに炊いた。

サツマイモよりもジャガイモの方が配給が多かったこともあり、ジャガイモで芋飯や芋粥を作った家もあった。おいしいとも

芋飯

まずいとも言える時代ではなく、ただただ生きるために芋粥を食べた。一日三食とも芋粥であったが、その芋粥ですら二食しか食べられなかった日もあった。食料事情が少しよくなった頃には芋飯に変った。それでも朝はたいてい芋粥であった。芋粥や芋飯を日常的に食べなければならなかったような食糧事情は昭和二十五、二十六年頃まで続いた。その後も芋粥や芋飯を食べたが毎日食べなくてもよくなった。戦中戦後を生きた人にとって、芋粥や芋飯の思い出は当時の食糧難時代の嫌なことばかりである。

節米目的で食べられていた頃の芋粥・芋飯は米よりも芋の方がはるかに多かった。今では芋の量も好みで加減でき、サツマイモの甘味と塩味がご飯や粥とよくマッチして本当においしく、好きな食べ物の一つになっているという。

一方、水口町牛飼《うしかい》では青ネギを散らしたサツマイモ飯やサトイモ飯が食べられていた。また、中主町八夫《やぶ》では中秋の芋名月にはサトイモ御飯と芋炊きを供えた。

（早）

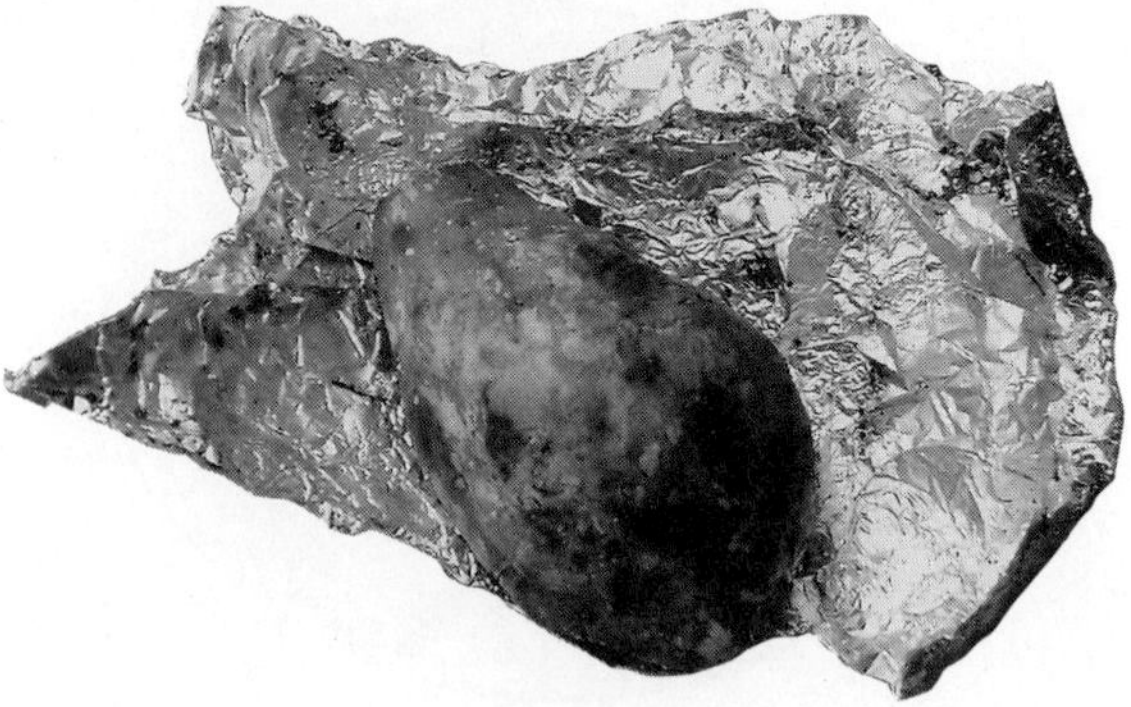

焼き芋

焼き芋

サツマイモの食べ方としては、焼き芋、ふかし芋、天ぷらなどが代表的なものであるが、やはり一番おいしいのは、甘味を最も引き出す焼き芋である。

昔は何もおやつがない時代だったので、稲刈りが終わった後に出る藁や籾殻でサツマイモを焼き、おなかをふくらせたものである。藁は風呂を沸かすのに利用されていた。炊き終わった藁灰の中にサツマイモを入れておくと二時間ぐらいでホクホクの焼き芋が出来上がり、夜食となった。

籾殻は来年の苗代に使うために焼く。その時、サツマイモをアルミ箔でくるみ、火をつけた籾殻の山の中に入れ焼き上げる。藁灰で焼くより時間がかかるが、みんなで焼けるのを待つのが楽しみの一つであった。

ふかし芋は、蒸し器に入れてふかす方法や直接鍋に入れて炊く方法がある。（三）

ミカンの缶詰と干しブドウのきんとん

きんとん

きんとんとは栗やインゲン豆などを甘く煮、その一部を裏ごしにしたもの、あるいはサツマイモを煮、裏ごしして甘く練り上げ、栗の甘露煮などを入れたものなどである。きんとんは正月料理の口取りに欠かせない。それ以外でも冬の法事などの人寄りの際のお茶受けによく作られる。一般に滋賀でいうきんとんはサツマイモを用いて裏ごししたきんとんで、中に栗の甘露煮の他、いろいろなものが入っている。

まず、サツマイモは三センチ厚さの輪切りにし、皮を厚めにむき（正味三〇〇グラム）水にさらしておく。それをひたひたの水で軟らかくなるまでゆでる。水切り後、熱い内に裏ごす。裏ごししたイモに砂糖一〇〇グラムと栗の甘露煮のシロップ、塩少々を加え火にかけて練りながら煮詰める。栗の甘露煮四コを二～四つ切りにし、イモに入れてさらに練り上げて仕上げる。サツマイモをゆでるときにクチナシの実を入れると美しい黄色になる。きんと

低温で腐ってきたサツマイモ

んは冷めると硬さが増すのでややゆるい目に練り上げるとよい。裏ごしは手間がかかるので、充分にゆでてつぶしてもよい。

安土町下豊浦ではミカンの缶詰の入ったきんとんが作られる。サツマイモはゆでてつぶし砂糖を加えて練り上げる。火からおろし、ミカンの缶詰のシロップを入れてよく混ぜ、甘酸っぱい味にする。そこに缶詰のミカンと干しブドウを入れてミカンをつぶさないように混ぜて仕上げる。このきんとんは少し軟らかいがさっぱりとした味で胃にもたれなくてよい。

一方、能登川町福堂ではスイートポテト風のきんとんが作られる。サツマイモをゆでてつぶし、甘く煮るところは安土町の場合と同じであるが、そこにリンゴの甘煮を入れ、バターとレモン汁少々を入れて仕上げる。リンゴの酸味とサツマイモの甘味がマッチし、さらにバターとレモン汁もよく効いていくらでもいただけるきんとんである。

サツマイモは低温に弱く七℃以下になると低温障害をおこし、黒い斑点が出て腐り始める。秋に収穫したイモをうまく貯蔵するのはなかなか困難であるが、イモは充分に乾燥させて一個ずつ新

聞紙でくるみ、ダンボール箱に入れ暖かい部屋に置いておくとよい。中が湿ると腐りやすいので注意する。（小）

芋するめ

芋するめ（干し芋）

十月初めに取れるサツマイモ、「紅金時」を一個ずつ、新聞紙に包み保存しておき、一〜二月の大寒の一番寒い時期に四〜七日間天日干しにしたものを、少し火にあぶってから、食べるのが一番美味しいもするめの食べかたである。

サツマイモの皮をむき、繊維質にそって切断する。蒸すのは、蒸籠《せいろ》だったら一五分ぐらい、圧力鍋（水を少し入れる）だったら一分ぐらいで蒸しあがる。これをすぐに四〜五日（長くて一週間）ぐらい天日干しにして乾燥させる。五週間ぐらいすると白い粉（糖分が白くなったもの）が表面にできたら完成である。

すぐに食べない場合は、冷凍庫に保存しておくと芋するめは硬くならないうえに糖化しさらに甘くなる。（竹）

サツマイモのつる（茎）と葉柄

サツマイモのつるの料理

九月の中ごろ、地表をはっているつるや長い葉柄《ようへい》の葉をのけて地下を掘ると根が肥大した赤紫色のサツマイモが収穫できる。サツマイモは、戦中・戦後の食糧難の時代には、米や小麦の代用食として大いに活用されたが、一方、つるや葉も煮物や雑炊に入れて食べられた。

サツマイモのつると言えば、昔（主に戦時中）の懐かしさよりも苦しさを思い出す人が多いようであるが、現在でも家庭料理に利用されている。つるといっても、食べるのはつるから出ている二〇～三〇センチくらいの長い葉柄の部分である。八月の中ごろになると、朝市に二握りほどずつ束ねた葉柄部分が並んでいるが、見ていると籠に入れるのはほとんど年配の人たちである。

葉を除けた葉柄の部分をきれいに洗う。すじを取る人もいるが、そのまま四～五センチくらいに切り、ザルに入れて水を切っておく。次に、鍋を温めて油で炒め全体がしんなりしたら、酒をサッ

サツマイモのつると昆布、
サンショウの実の佃煮

サツマイモのつるの煮物

とかける。続いて、だし汁を加え、味醂と砂糖、薄口醤油で味をつけ、味がしみるまでしばらく炊く。ほどよい歯ごたえがおいしい。油で炒める代わりに、油揚げや土から掘り起こしたサツマイモを乱切りにしていっしょに炊くこともある。このときは、すじを取った方が食べやすい。

そのほか、現在では、昔を懐かしんで作る料理以外に、昆布やシイタケ、干しエビ、ジャコ、サンショウの実などを加えて佃煮のように炊き、嗜好品として楽しむことも多い。

また、湖北では、七月の中ごろに若い葉柄の部分（「じく」と呼ばれる）を収穫し、重量の二〇％の塩で塩漬けにする。これを一カ月以上漬け込んで、芋じく煮を作る。塩漬けの芋じくは、一年以上経っても味は変わらないが、漬ける期間が短いと仕上がりがうまくいかない。

塩漬けのじくを四〜五センチに切り、炊くか水に浸して完全に塩抜きした後、だし汁に濃口醤油と味醂、酒を加えて炊く。休ませながら数回に分けて炊くと味がまろやかでおいしくなる。雪深い湖北ならではの料理で、冬の常備食として利用される。

（串）

ジャガイモの含め煮

ジャガイモの含め煮

ジャガイモの中でも、男爵芋は、ほくほくとした味わいを楽しめる。一方、メークインは煮くずれしにくいので、料理によって使い分けると上手に料理ができる。また、ジャガイモにはビタミンB_1とビタミンCが多く含まれる。加熱してもでんぷん質のおかげで壊れにくく、一度に食する量の多いジャガイモはビタミンCを摂取しやすい食品である。

ジャガイモの含め煮は、煮っころがしといわれるものである。ジャガイモの皮をむいて四〜六等分に切って水にさらした後、鍋に入れだし汁を加えて火にかける。少し煮えてきたら、砂糖・酒・濃口醤油で調味して、弱火で煮含めていく。ジャガイモが軟らかくなれば、煮汁をとばし、鍋を少しゆすりながら煮汁をからめて仕上げる。

甘辛く煮含められたこの料理は、お惣菜やお弁当のおかずに最適な料理である。少し煮くずれてどろどろしたところもおいしい

ものである。表面の皮が煮くずれしにくい新ジャガイモよりも、ひねの男爵いもを使う方がおいしく出来上がる。（細）

芋サラダ

芋サラダにはいろいろなものがある。その中でも代表がポテトサラダである。洋食屋さんの付け合せに欠かせないおなじみのサラダで、ボリュウムがあっておいしいものである。

ジャガイモをやわらかくゆでてマッシュポテトにする。熱いうちに塩・コショウ・酢で下味をつけておくと、味がしみ込みやすくなる。冷まして、ゆでたニンジンやスライスしたキュウリやタマネギと合わせてマヨネーズで調味する。ジャガイモをマッシュポテトにする時は、必ず熱いうちにおこなう。冷えたものは、粘りが出てつぶしにくくなる。

他にはジャガイモをサイコロ状に切って塩ゆでし、炒めておいたベーコンと合わせて調味をしたサラダや、同様にゆであげてキ

芋サラダ各種

ユウリやハム、リンゴなどと合わせてマヨネーズで和えたサラダもおいしい。

ジャガイモを細切りにしてさっとゆであげてドレッシングで和えるサラダはシャキシャキ感を楽しめる。芋のサラダは、マヨネーズの他、ドレッシングや、カレー粉で風味付けしたり、いろいろ楽しむことのできるサラダである。（細）

芋コロッケ

芋コロッケ

芋コロッケはコロッケの代表である。精肉店の店頭に並ぶ揚げたてのコロッケの香りは食欲をそそる。

コロッケに使用するジャガイモはマッシュポテトにしやすい、男爵芋を使う。

男爵芋は皮付きのまままきれいに洗って塩ゆでする。熱いうちに皮をむき、マッシュポテトにする。タマネギはみじん切りにしてサラダ油で炒める。ミンチ肉も加えて炒め、塩・コショウで調味する。マッシュポテトと合わせて小判形に形づくる。薄力粉、とき卵、パン粉の順に衣をつけて、一八〇℃の油で色よく揚げる。ミンチ肉の他、ゆで卵やコーン、野菜、魚介類などを加えると、バラエティーゆたかなコロッケができる。

ジャガイモの他にサツマイモ、サトイモ、カボチャなどを使用すると和食の味も楽しめる。肉じゃがの残りをコロッケにしてもおいしいものができる。（細）

肉じゃが

肉じゃが

肉じゃがは「おふくろの味」といわれるほど、家庭料理の定番である。

皮をむいたジャガイモを四〜六等分に切って水にさらす。牛肉は五センチ長さに切り、タマネギはくし型に切る。鍋にサラダ油を熱して牛肉を炒める。肉の色が変われば水気を切ったジャガイモとタマネギを炒める。出し汁・砂糖・淡口醤油・味醂を加える。

あくを除きながら、ジャガイモがやわらかくなるまで煮る。

各家庭により、肉じゃがに使用する材料、味付け、仕上げ方に違いがある。男爵芋を使うか、メークインを使うか、またニンジンや糸こんにゃく、三度豆やキヌサヤなどを加えたり、牛肉の変わりに豚肉を使うこともある。ジャガイモが煮くずれないように仕上げる家庭、少し煮くずれた方が好きな人、煮汁を残さない煮あげ方や少し残るように煮あげたり、甘めに調味する家庭、あっさりした味付けを好む人、濃口醤油を使ってからめに仕上げる等々。その家庭その家庭の好みによっていく通りにも出来上がる料理である。

（細）

トウガンのくず煮

トウガン（冬瓜）は、カモウリとも呼ばれる夏野菜である。涼しい所に置けば寒くなる頃まで保存できる。味が淡白なので、調理の際はだしをきかせて煮る。鶏肉やエビなど旨味のあるものと

トウガンのくず煮

合わせてもおいしい。汁物にする場合も煮物にする場合も仕上げにかたくり粉の水溶きを加えてとろみをつけることが多い。とろみをつけることにより、淡白なとうがんに味をからめ、また煮汁のおいしさも味わうことができる。

この料理の名はくず煮であるが、とろみの素にはくず粉ではなく、かたくり粉を用いることが多い。市販かたくり粉の原料はジャガイモでんぷんである。本来のくず煮に用いるくず粉は、クズの根から取るでんぷんで、水を加えて加熱すると透明で粘りのあるでんぷん糊になる。古くから、くず湯、くず汁、くずあん、くずきり、くずまんじゅうなどに利用されてきた。クズが手に入りにくくなりくず粉が高価になってきたので、とろみをつける料理ではかたくり粉で代用されたることが一般的になった。サツマイモでんぷんを含むくず粉も市販され、一〇〇%くずでんぷんの製品は「本くず」と呼んで区別されている。

また、かたくり粉は本来、ユリ科の多年草カタクリの地下茎から取ったでんぷんであるためこの名があるが、現在では、カタクリから作られることはほとんどないようだ。

（榎）

くずまんじゅう

くずまんじゅう

甘いあんを透明な皮で包んだおなじみの和菓子である。くずまんじゅうには、糊《のり》にした時透明度が高く、粘りの強いくずでんぷんが最適である。完全に糊化すると硬くなって包みにくいので、半糊化状態の衣で包んだのち蒸して完全に糊化させる。くずの扱いをマスターすると、くずまんじゅうは意外と簡単に作ることができる。

材料は、一〇個分で、こしあん（砂糖入り）二五〇グラム、くず粉五〇グラム、砂糖九〇グラムを用意する。作り方は、次のとおりである。

①くず粉をボールに入れ水一九〇ミリリットルを加えて混ぜ、ブツブツがなくなったら砂糖を加えて溶かす。②裏ごしを通して鍋に入れる。③火にかけ、なべ底からかき混ぜながら半分くらいが透明になったら火からおろし、全体が均一な乳白色になるまでかき混ぜる。④種が熱いうちにその一〇分の一量を木杓子にとっ

て広げ、あん玉をのせてゴムベラでまわりの種をかぶせるようにして包み、経木にのせる。残りも同様に作る。⑤これを湯気の上がった蒸し器で五〜六分間蒸し、皮が透明になったらできあがりである。

（榎）

赤こんにゃく煮

赤こんにゃくの炊きもん

八幡の赤コンニャクは湖東地域では日常食としても食べられるが、とくに仏事や祭り、正月などには甘辛く炊いた赤コンニャク煮が欠かせない一品となっている。

赤コンニャク一丁を包丁で十字に切って四等分する。一かたまりを斜めに切って三角形にし、切った面を下にして薄切りにする（長方形の薄切りで調理する所もある）。これを軽くゆがいてから炒りし、カツオ節かだしジャコ（煮干し）に砂糖や醤油を入れ、とろ火でゆっくり煮る。歯ごたえがよい仕上がりにするには、なるべく長く火にかけるとよい。炊けたらすぐに器には移さず、味がし

刺身こんにゃく

みこむようにそのまま置いておく。好みで七味とうがらしふりかけるのもよい。

近江八幡市沖島では「こんにゃくのてんこ炊き」と呼ばれる。

（編）

刺身コンニャク

コンニャクイモから作ったコンニャクを刺身にしていただくと、コンニャク本来の舌ざわりがよく味わえて本当においしくいただける。

刺身コンニャクはユズ味噌やからし酢味噌、またはしょうが醤油やワサビ醤油、ポン酢とさまざまな味付けで食べることができ、たいへんヘルシーな料理である。まず、コンニャクをゆでて水が出なくなるまでから炒りする。それを三～四ミリ厚さの短冊形に切り、皿にフグの刺身のように盛る。そのため、別名「山フグ」とも呼ばれる。

ユズ味噌の作り方は次のようである。まず、大きくて黄色のユズ一個をきれいに洗い、丸ごと皮をすりおろす。ユズを横半分に切り、汁を絞る。鍋に味噌六五グラム、砂糖大さじ二杯、酒・みりん各大さじ一弱、水二〇ミリリットルを入れて火にかけて練る。最後にユズの絞り汁も入れて練り上げ、すりおろしたユズの皮を入れて火を止める。コンニャクにユズ味噌を添えてすすめる。とれたての芋を使ったコンニャクに、もぎたてのユズを使ったユズ味噌をつけていただく刺し身の味は格別である。

（小）

第三章　祭り・行事と芋

▲野洲町三上のずいき御輿

▼草津市追分町の芋祭り。円陣を組んで、サトイモの皮をむく

神事やオコナイに見られる芋

かつて県下の八六三社（県下神社総数の約六六％）の神社について神饌の調査をした結果のうち、サトイモ、ズイキ、ヤマノイモ、ムカゴ、トコロを供える神社は図1に示すとおりであった。県下の神事やオコナイではサトイモやヤマノイモ、トコロなどのイモ類が多くの神社の御供えにされている。神様への供え物は人々にとって大切なものであったと考えられるので、これらの芋類も大事な食糧や長寿を祈願するものであったことがうかがえる。

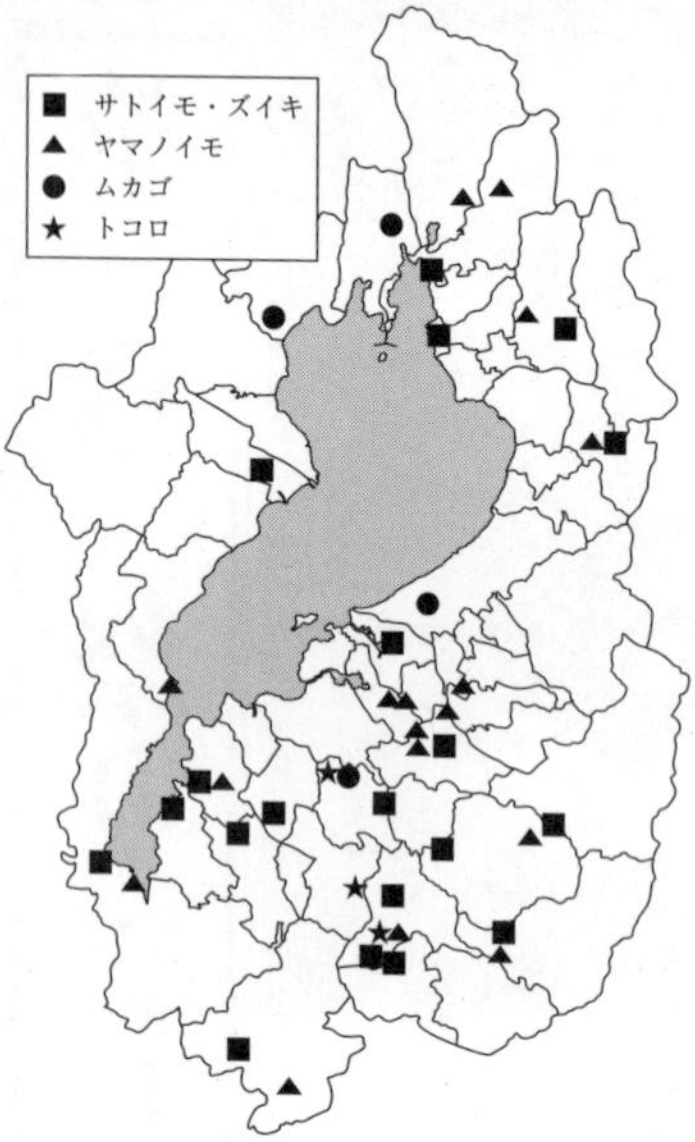

図1　サトイモ、ズイキ、ヤマノイモ、ムカゴ、トコロを供える神社

サトイモ、ズイキ

サトイモは縄文時代に日本に伝来したとされており、昔も今も日本人の重要な食糧の一つである。サトイモは神饌によく見られるだけでなく、現在も人寄りの際の大事なおかずの一皿である。神饌には生で生饌としてそのまま供えられたり、味噌和えや味

サトイモの生饌（竜王町・鏡神社）

サトイモの熟饌（日野町・芦谷神社）

噌炊きにした熟饌としても供えられている。また、芋だけでなく、ズイキやイモの葉の神饌も見られる。

竜王町鏡にある鏡神社は天日槍命《あめのひぼこのみこと》を祭神とし、現在の本殿は室町中期の建立とされる。その四月二十九日におこなわれる例大祭ではサトイモの神饌が見られる。それは御膳(右座)と呼ばれるもので、餅　三升、サトイモ輪切り　五切れ、大根角切り　二本、豆腐　一丁、きん子(いり子)　二ツ、平昆布　一枚、鰹節小一本、柳箸　一膳を組み合わせて作られる。

日野町原の芦谷《あしや》神社ではサトイモのある時期の神事は年四～五回ぐらいあるが、毎回タカノツメ状に切ったサトイモの味噌和えが供えられ、さらに正月の参拝者にはサトイモの味噌汁がふるまわれる。

草津市追分の野上神社の甘酒祭りには、後で詳しく述べられているが、子芋のいっぱいついた親芋が供えられ、サトイモの煮物、スルメ煮、棒ダラとの炊き合わせ、ズイキ和えなどじつにさまざまな芋料理がご馳走として出される。

甲南町稗谷《ひえだに》の安楽寺では一月十五日に近い日曜日にオコナイが

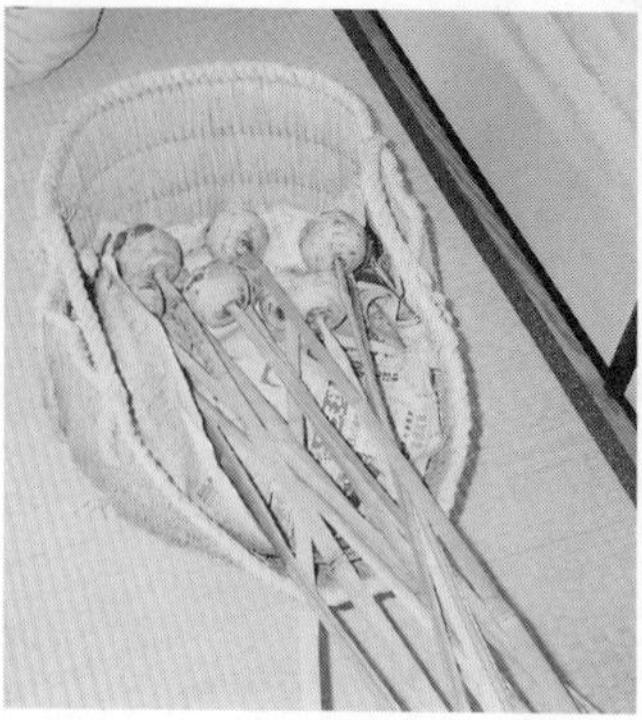

▲セコにつけられる親芋と子芋
◀竹ひごに突き刺す親芋（甲南町・安楽寺）

あるが、これは寺オコナイであり、薬師如来に集落の安泰と五穀豊穣を祈願するもので、大量の餅とサトイモで大宇宙が表現される。古くからあるオコナイらしいが、宇宙を表すという壮大な発想に驚き、また大きいサトイモの数にも驚く。

まず、太陽や惑星を作るために大きくて形のよいサトイモ五〇個と親芋二〇個ほどが用意される。餅は八升ほどついて、その内の二升で丸くて平たい形をした月日《がっぴ》餅と呼ばれるものを一〇個作る。そのうちの三個を太陽とし、セコと呼ばれるワラを詰めた籠の前面につける。残りの七個の餅を切って月と星を一四個作り、竹ヒゴの先につけてセコに突き刺す。太陽の餅のまわりにはサトイモをコロナに見立ててつけ、さらに親芋を惑星のようにそのまわりにつける。竹ヒゴには親芋の残りもつけてセコに刺して餅と芋で大宇宙を表現する。残りの餅はオト餅と呼ばれる小豆をつけた餅や花びら餅、餅花などにされる。

これを当屋で作り、寺まで運びオコナイが始まる。オコナイの後、檀家に餅と芋が配られ、雑煮や芋炊きにされる。

甲南町塩野の天満宮では、十月に行われる宮守りの引継式で

くるみ芋（甲南町塩野・天満宮、滋賀県水口県事務所編『ふるさとの伝承、そして人と味』より）

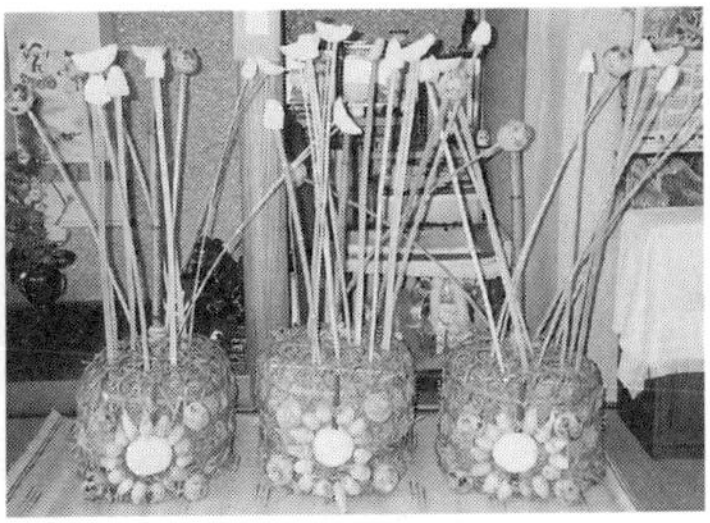

完成したセコ（甲南町・安楽寺）

「くるみ芋」が酒の肴として作られる。くるみ芋は一晩水に漬けた大豆を軟らかく煮て砂糖と塩で下味をつけてつぶし、サトイモをゆでて、つぶした大豆をからめると出来上がる。まったりとした味の大豆とサトイモがよく合っておいしい芋料理である。「くるみ」とはゆで大豆でサトイモをくるむからそのように呼ばれているらしい。

山東町志賀谷《しがたに》の志賀神社の「花の頭」と呼ばれるオコナイでは「神の膳」が作られるがそれはミゴクという糯米のモッソウとお汁と呼ばれるものでサトイモの親芋とカブラを小さく切って丸くむいたもの、一〇センチぐらいに切って二つ割にした蒸しゴボウを土器《かわらけ》に盛ったもの、上盛りと呼ばれる青豆数粒と焼き豆腐と煮昆布、シイラの切り身をそれぞれ二切れを土器に盛ったもの、ヒレナマスと呼ばれるもので、大根の細切れ少々とシイラの尾鰭《おびれ》二つを土器に盛り白酒をかけたもの、皿と呼ばれるもので、イワシ二尾を腹合わせにして土器に盛ったもので作られる。ここではサトイモの親芋が使われている。

大津市錦織《にしこおり》にある宇佐八幡神社の練り酒神事では御輿《みこし》の御供え

▲神の膳（志賀神社、岩井宏実編『神饌』同朋舎出版刊より）
右手前の皿の右半分６個がサトイモの頭芋を切ったもの

◀大津市・日吉神社の山王祭、粟津の御供（宇野日出生氏撮影）
右奥がナガイモ

に切り餅、押飯とともに赤ズイキが供えられる。赤ズイキは三本を水引でくくり、先端を剣先に仕上げたものである。翌日の卯の刻御供の神事では御輿に練酒、ズイキ、切り餅、粽《ちまき》などが供えられる。

日野町中山の芋くらべ祭りでは、後で詳しく述べられているが、赤ズイキのゆでたものが供え物の一つになっている。

また、木之本町西山の汁オコナイではこれも後で詳しく述べられているが、サトイモの葉と打ち豆の味噌汁が炊かれる。

ヤマノイモ、ムカゴ

神饌にされるヤマノイモはほとんどがジネンジョのことで、もともと日本に野生していてサトイモとともに古くから食されてきた。ヤマノイモの特徴はおろして生で食べられることであるが、その粘性や気泡を利用して料理を作ることもできる優れた食材である。ジネンジョは現在はヤマノイモの中のナガイモなどに代わってきているが、生饌として多くの神社で供えられている。また、撤饌《てっせん》（下げた供物）は直会などでよくとろ汁にされている。

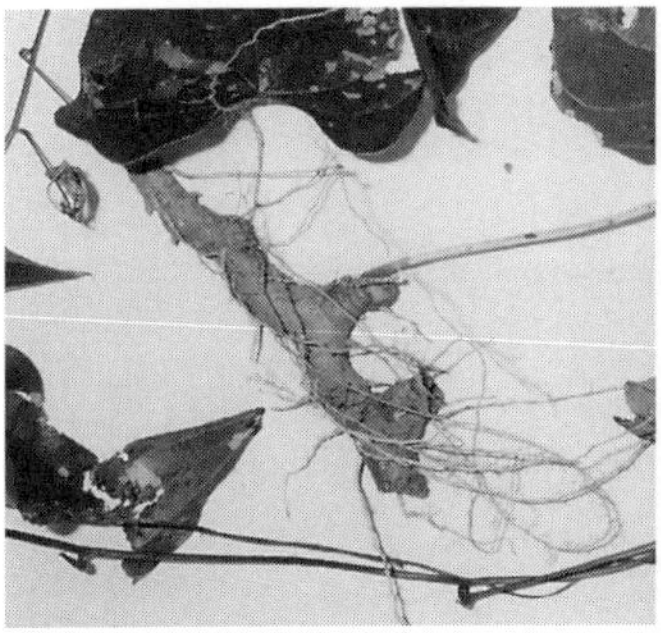

▲トコロにできる芋

山に生えているトコロ▶

大津市の日吉大社の山王《さんのう》祭で供えられる「粟津の御供」にもナガイモが見られる。御膳物は次のようなもので、カヤの実、団子（ミカン形）、焼き栗、干し柿、ワカメ、ナガイモ（三本をくくる）、筍、ミョウガ、小鯛となっている。神饌はこれらの御膳物と糀《こうじ》の入った瓶子《へいし》、粟飯、米粉団子を細長くして曲げたブトマガリを一式としている。

なお、ヤマノイモの葉と葉の間にできる塊茎のムカゴ（零余子）もよく神饌に見られる。

トコロ

トコロとは漢字で蔓根と書き、ヤマノイモ属のオニドコロのことで、日本各地の山野に自生するつる性の多年草である。つるや葉はヤマノイモに似ているが、真の根茎でひげ根が多数出る。さらして食用にもされていたようであるが、苦味がきつい。

ひげ根を老人のひげに見立てて長寿を願い正月飾りや供え物にされる。そのためエビを海老と書くのに対し、トコロは「野老」とも書かれる。ジネンジョ掘りの際、初心者はジネンジョとトコ

トコロ（クリの下）とムカゴ（串刺し、黒豆の右）が使われる御膳（竜王町・鏡神社）

ロをよく間違えるそうである。見分け方はジネンジョの葉が細長くて対生で生えているのに対し、トコロの葉はふっくらとしたハート型で互生で生える。また、ジネンジョのつるが左巻きなのに対し、トコロは右巻きなどの点のようである。

先に述べた鏡神社の春の例大祭には旧御供が供えられるが、その中にはトコロが使われる。御膳(左座)は膳の真ん中に鍬《くわ》型の餅が置かれ、クチナシで黄色の模様がつけられている。鍬型の餅のすき間に入れるものは、つるし柿三つ、ころ柿三つ、クルミ二つ割三つ、栗二つ、トコロ一つ、団子粉少々、青松葉少々である。そして土器に盛って膳に乗せるものは、カヤの実二〇個、青大豆五勺で、真ん中にダイダイ一つを置く。串にさして膳に乗せるものは、押し餅(三角)少々、ムカゴ少々、黒大豆少々、つるし柿三つである。

トコロは鏡神社の他、県下では水口町三大寺にある日吉神社や甲西町三雲にある明喜神社の神饌の中にも見られる。

（小）

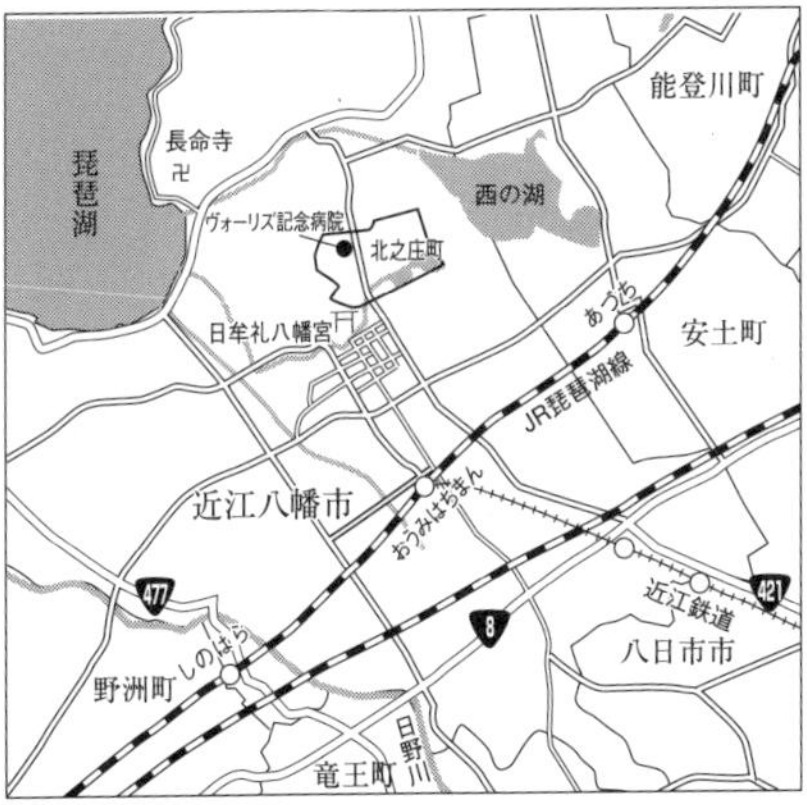

北之庄祭りのサツマイモの天ぷら

近江八幡市の日牟礼《ひむれ》八幡宮で四月に行われる八幡祭りは、松明《たいまつ》祭りまたは太鼓祭りと呼ばれ、十二郷から松明を奉納し、大太鼓を担いで社参する行事である。市街地中心部の旧八幡町を取り囲む一二カ村による祭りで、旧慣を堅く守るとされ、古くから続けられてきたものと考えられるが、どうも明治以降に改変がおこなわれ、現行の祭りの形式になったとみられる。八幡祭りに先立って、十二郷は個々に自分たちの村だけの祭りを行う。そのなかで北之庄祭りは、稚児を定め、稚児の家にオハケ（神籬《ひもろぎ》）を築き、祭の期間は稚児を神として扱う、江戸時代以前の八幡祭りの姿を彷彿とさせるものである。

もとは四月最初の申《さる》の日の祭りが、現在は土日を利用して行われる。稚児元では、親戚はもちろん両親の同年、交友関係などを二〇～三〇人ずつに分け、延べ二〇〇人近い招客を盛大にもてなす宴会が宵宮と本祭の両日にわたり繰り返される。町内の料理屋

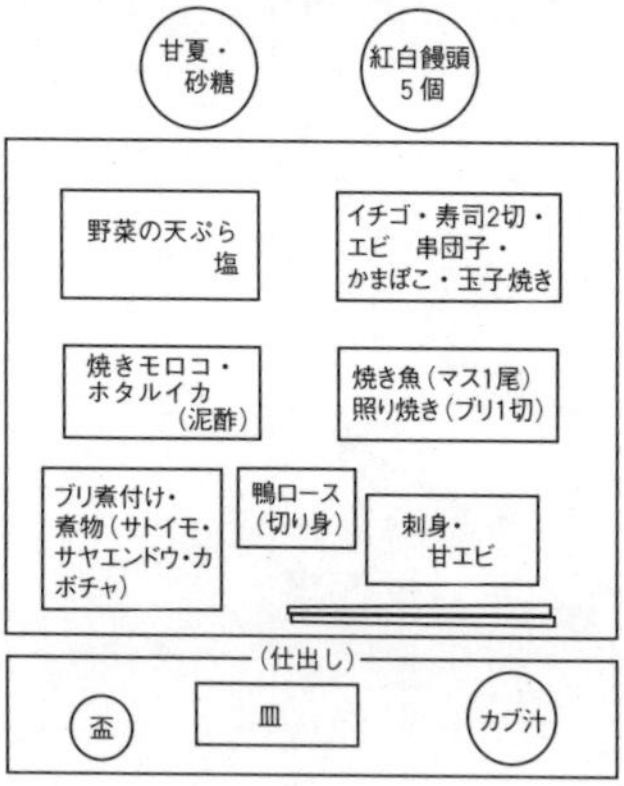

稚児元の招待者の膳
材料には四つ足は用いない。昔はブリとミズナのつき合わせ
（近江八幡市教育委員会編『近江八幡の火祭り行事』掲載の図をもとに作成）

からとる本膳は、祭りの簡素化により、平成八年（一九九六）からは図のような幕の内膳に変更された。

ちなみに、昭和四十年（一九六五）の調査での本膳献立は、「造り、硯蓋《すずりぶた》（もろこ三匹・いた二切・玉子焼一・みかん一・巻寿司三）、煮付（ぶり、竹の子）、台引（えび菓子・夏みかん。元は伊勢えび）、味噌汁（みは、豆腐、大根切干）、昆布巻二、煮〆（棒たら・小芋）、三種（ごんぼ、ごまめ、まめ。元は数ノ子）、小雑魚、煮豆金時、饅頭五」（『日牟礼の火祭』）で、変更された幕の内膳のメニューと比較してあまり変わらないことがわかる。芋でいえば子芋と棒ダラの煮しめがサトイモの煮物になっている。

この本膳の前に出た膳にはギギのつけ焼きにモロコ、それにギヨゼンとよばれる天ぷらがあったが、当時の宮司はブトの名残であろうと推測している。本膳にはない天ぷらが、本膳の前の膳にあったという。変更後の幕の内膳に野菜の天ぷらがあるのはギョゼンの天ぷらと関係するのであろうか。

稚児元の家では、朝七時から二〇人ほどの女性が仮設の調理場で分担してご馳走を作っている。本膳の周囲に鉢物として出すさまざまな料理である。平成十七年（二〇〇五）は四月一日、二日、三日と毎日メニューを変えて作る料理とその材料が紙に書いて張ってあり、それを見て手分けして調理にあたる。四月三日は以下のようであった。

四月三日

天ぷら　エビ、イカ、ししとう

出し巻き（坪清）

酢の物　ハルサメ、みかん、きゅうり、ハム、薄焼き卵、ごま油

サラダ　マカロニ、ハム、きゅうり、ベジタブル

刺身（坪清）

焼き魚か煮付（坪清）

お汁は坪田家にてお願い

別に昆布巻き、豆、ぼうだら、芋

※（坪清）とある調理は料理屋で作る品である。

最初に天ぷらから書き出してある。天ぷらに揚げるのは、エビ、イカ、シシトウだけのようにみえるが、これ以外にタケノコの薄切りやサツマイモの天ぷらも作る。

サツマイモの天ぷらを揚げる

古い伝承をもつ民俗行事には、一般的に早くから栽培されていた野菜が用いられ、比較的伝来時期の新しい野菜は利用されないものである。その意味で、サトイモは芋類の中でも古い歴史を有するので神饌や直会の調理にもっともよく用いられ、北之庄でも子芋が棒ダラとともにメニューに上がっている。江戸時代に救荒作物として導入されたサツマイモは祭礼行事にあまり見かけない。北之庄祭りでいつごろからサツマイモの天ぷらが献立に加えられることになったのか未詳ながら、何かの代用として加わったとも考えられ、少なくともそう古いことではない。

じつは、サツマイモの天ぷらは、必ず緑の色粉を混入させて薄緑色に揚げるのが特徴である。調理にあたる人からは、天ぷらを翌日までおくとアクが出て青くなるので、最初から色をつけて揚げるようになったのではないかとの説明であったが、明確な理由は聞かれなかった。中南米原産のサツマイモは大寒を過ぎると腐りやすく、この時期まで保存しておいた芋も変色しやすいため、色粉を混ぜてカムフラージュしたのであろうかなどと推測される。

ここでわかり切ったことかも知れぬが、サツマイモの天ぷらの

緑の色粉をつけたサツマイモの天ぷら（近江八幡市北之庄町）

手順を以下に略記する。①芋を水洗いし皮のまま輪切りにし（数がとれるよう薄いめに切る）しばらく塩水に浸ける。②ケーキ・天ぷら料理用薄力小麦粉に鶏卵を入れ水で溶く。③餅搗きに用いる緑の色粉を小椀に入れ、少量の水で溶き②の天ぷら粉に入れ攪拌して色がまんべんなくつくようにする。④灰汁出しした芋を水から上げ、笊に入れて水切りする。⑤天ぷら粉を十分につけて熱した油鍋に入れる。⑥竹串を突き刺して揚がっているか確かめて、金網を敷いたバットへ上げる。さらにペーパータオルを敷いた上へ並べる。

多量に作るので、油で揚げるだけでも、ころもをつけた芋を油鍋へ入れる人、揚がった芋を油から取り上げる人、ペーパータオルへ並べる人と三人がかりである。このあと、一つの平膳に、ホンモロコ、キンカン、出巻き、巻きずし、天ぷらを盛りつけ、宴席へ出した。巻きずしだけでも千本巻くという、巻きずし祭りでもある。

（長谷川）

日野中山の芋くらべ祭り

今から一二〇〇年ほど前（七五三年）、この中山の地に創建された金剛定寺《こんごうじょうじ》は、聖徳太子が建立した四八カ寺の一つと伝えられる。中山集落の全域に寺、堂塔、僧房が建ち並び、全国から僧侶が集まり、仏法の聖地として、また湖東の中核地として栄えた。

しかし、その後大火や兵火に見舞われ、また戦国時代には信長の天台宗弾圧による焼討ちに会い、焦土と化した。江戸初期に蒲生氏郷によって再興され、その後は関家が二五〇年間領主となり、明治にひき継がれた。

湖東地方は昔から干害がひどく、中山も水の確保には苦労してきた。「芋くらべ祭」は、作物の豊作を占う野神神事である。丹精こめて育てたサトイモの長さを東谷と西谷で競う。東谷が勝てば不作、西谷が勝てば豊作と占う。東が高地の棚田で乾燥しやすく、西は山裾の湿地である。米の作柄は日照や水分条件に左右される。これをサトイモの作柄で占ったのである。七〜八月に降雨が多いと東谷のサトイモはよく育つが、米は日照不足となり不作

芋打ちで芋の長さを競う

となる。逆に七～八月に照る年は、東のサトイモは水が足りずに伸びないが、西谷の芋は育ち、米も豊作になるといわれてきた。
祭時に使う芋は普通のサトイモと違って、「唐の芋」と呼ぶ芋（八ッ頭）である。唐の芋は湿地がいいのだが、水が多すぎても腐ってしまうこともあり、家々で丹精こめて栽培される。
芋打ち神事は、山若《やまわか》、山子《やまこ》が活躍する。東西から山若として一六歳以上の若者がそれぞれ七名出る（西は六名でもよい）。山若は裃《かみしも》を着て当日の祭儀一切をとりしきる。一番尉から七番尉まで番号がつけられ、それぞれ役割が決っている。一番尉が神の代役、二番尉は神事を采配、三番尉は芋打ち役、四番尉はカワセノハンギリの出し人形を献上する。五番尉は膳上げ下げや三三九度の盃の酌をおこなう。カワセノハンギリの出し人形も準備が大変である。一六歳になった男子や養子が山若入りするので、山若の構成は毎年更新され、順に重い任務についていき、上から卒業していく。
山子は八歳から一四歳までの男子が勤め、八月下旬から石めくり、八朔まいり、ホコモトの紙あつめ、火ふり、竹あつめなど、祭場作りの仕事をする。祭当日には絣《かすり》の着物を着て、竹にくくり

神饌のオリ、センバ、カモウリ、ササゲ豆

山子の角力（すもう）奉納

つけた芋を担いで野神山まで運び、奉納相撲もする。当屋、オトナ、勝手《かって》の役割も決められ、村中が協力して毎年滞りなく神事が進められていく。

芋打ちの祭場は野神山なので、神社から行列して行くが、東、西でコースが違う。山の登道にはクリの葉が並べられるが、これをムカデ道という。祭場につくと、芋を供え、神の膳が奉納される。三三九度の盃をし、カワセノハンギリの神供、山子の「角力《すもう》」、芋打ち神事と続く。芋の長さは定尺という八寸の物差しを使ってくらべる。毎年三番尉がカシの木で作る。芋打ちは三番尉の仕事で、西、東の芋を定尺で芋打ちしながら何回打てるかを競う。二番尉が裁定役となる。一番芋になった家は名誉とされ、代々記録に残る。七尺から八尺芋が記録に多く、最高は九尺あった年もある。

神の膳に出されるのは、餅、オリ、センバ、ブト、カモウリ、ササゲの六つである。白餅は六〇個作る。オリは木型で米粉団子をコイの形にしたものである。この辺りは魚が手に入りにくかったので、その代わりに米粉でコイを作って奉納した。ハケ

赤ズイキのセンバ（神饌６種のうちの一品）

イトウの赤色で魚らしく着色する。ブト（伏兎）は白ウサギを意味し、生米の粉を水で練って、半切りの芋葉の上にのばしたものである。オリやブトは祭祀後に持ち帰って食べると風をひかない、病気にならないとされている。オリは油で揚げていただく。センバは赤ズイキを四センチぐらいに切ってゆで、カモウリ、ササゲもゆでて供える。直会には梅酢で味つけしたズイキが出され、カモウリも薄味に煮込む。ササゲはカボチャといとこ煮にしていただく。

（堀）

芋名月

月は花や雪とともに古来から和歌・俳句に詠まれ、描かれ、美しいものの代名詞として「花鳥風月」とたとえられ、日本人の心の中に風雅・風流として愛でられてきた。古来「月」といえば、秋の月をさし、「花」といえば、春の桜をさすのと同じである。秋の澄んだ空と寂寥《せきりょう》の中にそれを見いだすことができる陰暦八

図１　「中秋拝月」(『北京風俗図譜』)

月十五日の月は「中秋の名月」、「十五夜」と言って、古くから月を賞する風雅な慣わしが各地に残っている。

陰暦（旧暦）は月齢にあわせた暦である。三カ月ごとに季節を区切り、春は一月・二月・三月、夏を四月・五月・六月、秋を七月・八月・九月、冬は十月・十一月・十二月とした。さらに、そのひと月を「初・仲・晩」で区切って季節を細分していた。仲（中）秋の意味は陰暦の秋である七月、八月、九月のちょうど真ん中に当たる八月十五日である。旧暦の十五日はゼロから数える月齢で言えば、月齢は十四になり、満月にはならず、中秋の名月と満月は一致しないことが多い。太陽暦が使われるようになった明治五年（一八七二）からは毎年その日は変化している。現行暦では中秋は早い時で九月上旬、遅い年は十月になることもある。また、仲秋の八月十五日は芋名月とも呼び、後の月の九月十三日は十三夜、豆名月、栗名月とよんでいる。

中国では十五夜を中秋節といって、お月見の習わしは古くからあった。清代末の北京の風俗・風物の描かれた『北京風俗図譜』の中に「中秋のお月見（中秋拝月）」がある（図１）。その説明に

「八月十五日は中秋節で、家ごとに祭壇を設けて月を祭る。月の神、月の宮殿、薬をついている兎などをかいた絵を、二本の高《かお》粱《りゃん》がらの支柱にはりつけて、上に旗をたてる。枝豆や鶏頭の花をかざり、月餅《ゆえびん》や瓜を供えて、香をたき拝礼する。」とある。

こうした記述から考えてもお月見は中国から伝わったと言われているが、「芋名月」と呼ばれるのは、もともとサトイモが日本に稲作以前から存在し、主食として重要な作物であって、その収穫に感謝と豊穣を祈って供えられた農耕儀礼であったと考えられる。暦がなかった時代、農事は月の満ち欠けによって進められ、中でも収穫時期と重なる仲秋の月は姿が最もよくわかり、節目となるその十五夜には収穫の感謝の祭などが行われ、サトイモが供えられた。各地に残る「芋名月」の行事はその名残と考えられる。

江戸時代・元禄八年（一六九五）に書かれた『本朝食鑑』には「八月十五日夜の月を賞するとき、必ず芋の子、青い莢《さや》つきの豆を煮て食べる。九月十三日夜、月を賞するに、薄皮をつけた芋の子を衣被《きぬかつぎ》といって、生栗と煮食する」と書かれている。また『俳諧歳時記栞草《しおりぐさ》』には「名月御祝、三方に芋ばかり高盛り」と

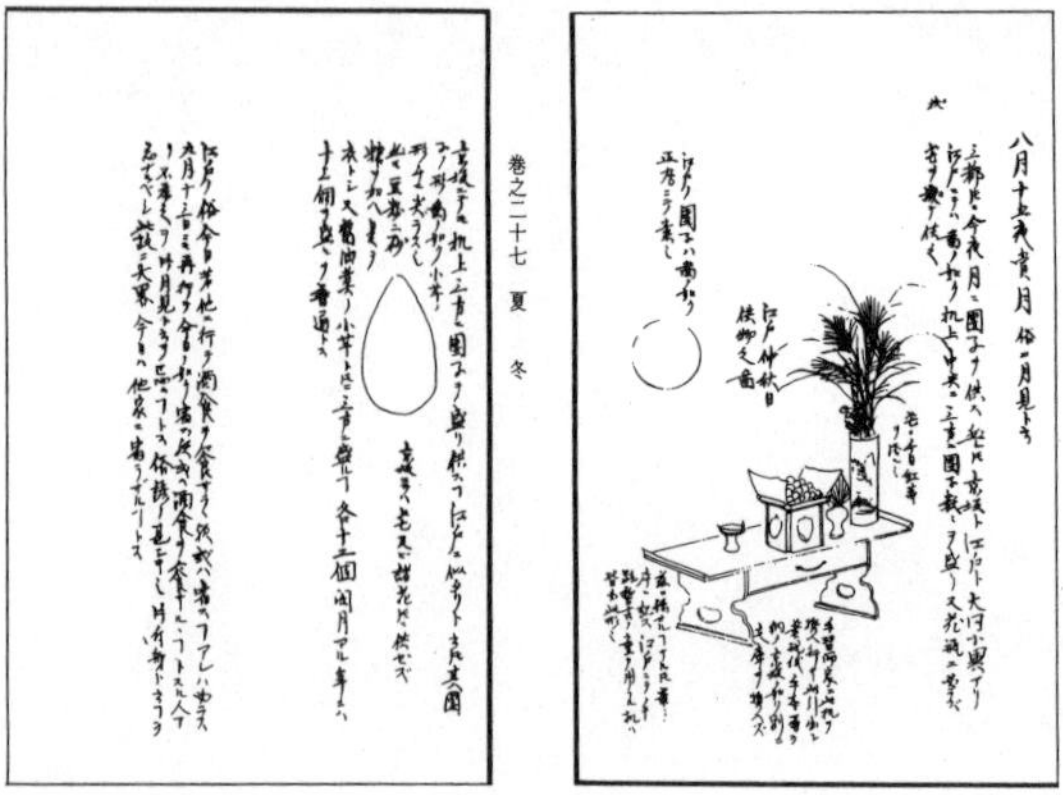

図2　「江戸仲秋日供物之圖・京坂の月見団子の形」（『守貞謾稿』）

あって芋名を供えて祝うことが記述されている。

さらに、随筆「浪花《なにわ》の風」に「月見には団子を製すること江戸と同じ、しかし汁烹にすることは稀なり。きなこ又はあんを附けて食ふ。芋を賞玩す。故に十五夜の月を芋名月といふ」とある。この著者は幕末の安政三年（一八五五）から文久元年（一八六一）まで大坂町奉行を勤めた久須美《くすみ》祐雋《すけとし》である。

一方、月見団子については『守貞《もりさだ》謾稿』巻之二十七に三都（江戸・京・大坂）の八月十五夜賞月の様子を比較したものがある。著者の喜田川守貞は、文化七年（一八一〇）に大坂で生まれ、三一歳まで大坂ですごし、天保十一年（一八四〇）に江戸へ移り、天保八年（一八三七）から原稿の執筆をはじめたとされている。「八月十五夜賞月俗ニ月見ト云三都トモニ今夜月ニ團子ヲ供ス然レトモ京坂ト江戸ト大同小異ナリ江戸ニテハ圖ノ如ク机上中央ニ三方ニ團子数々ヲ盛リ又花瓶ニ必ラズ芒ヲ挾テ供之江戸ノ團子ハ圖ノ如ク正丸ニテ素也京坂ニテモ机上三方ニ團子ヲ盛リ供スコト江戸ニ似タリト云トモ其團子ノ形圖ノ如ク小芋ノ形チニ尖ラス也然モ、豆粉ニ砂糖ヲ加ヘ是ヲ衣トシ又醤油煮ノ小芋トトモニ三方ニ盛ル也

月見団子

各十二個閏月アル年ニハ十三個ヲ盛ルヲ普通トス京坂ニテハ芒及ビ諸花トモニ供ゼズ」と書いている。江戸の団子はまん丸で、京坂の団子は、小芋の形に一方をとがらすとしているから、現在の月見団子として中秋の時期に店頭に出る同じ形である(写真)。「豆粉ニ砂糖ヲ加ヘ是ヲ衣トシ」とあるから、今日店頭で売られる団子をこしあんでくるんで芋ように見せかけた形のものが、すでにこの本が書かれた天保ごろには出来上がっていたのである。

このように月見の習慣が日本に定着したのは、旧暦の八月がちょうど秋の収穫が始まる頃でもあり、収穫を喜ぶ行事へと発展した農耕儀礼だったと考えられる。供え物の主体が収穫され始めたばかりの芋であることから芋名月とよばれ、サトイモから団子に月へのお供え物が変わったが、神格化された月への感謝をこめて現在に至るまで長い間伝承されてきたと考えられる。

一方、近江における「芋名月」の行事は近年、あまり見ることがなくなった。『滋賀県民俗地図』「月見」の調査マップによると、県下各地において「サトイモを供える」が圧倒的に多い。一月遅れの豆名月(十三夜)に豆を月に供える地域もある。

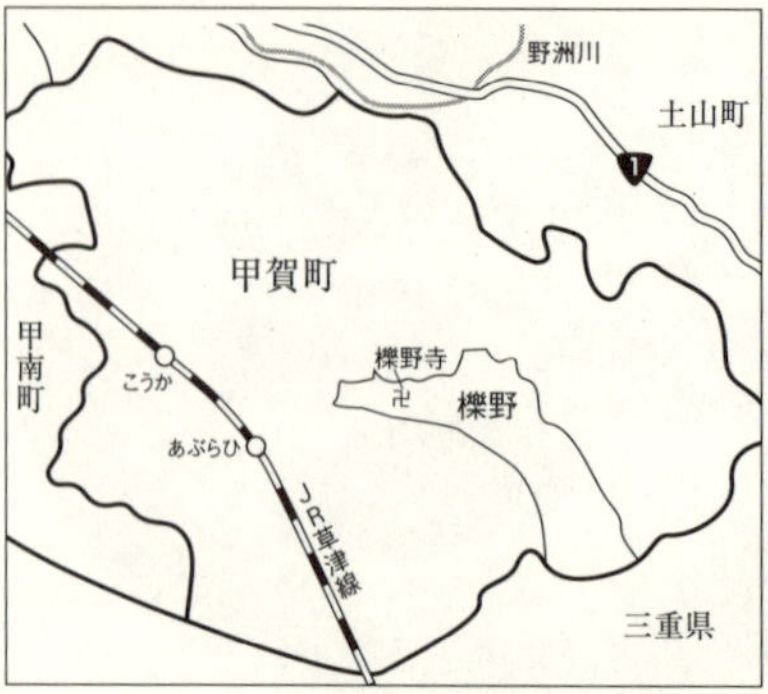

芋名月の飾り（甲賀町櫟野）

甲賀地方（甲賀町櫟野《いちいの》）には芋名月の風習として長い竹竿の先に、ススキの穂を数本と畑から掘ってきたサトイモから子芋を除き、葉をつけたままの茎を逆さにしてぶら下げてその下にお供えものをあしらい、お月さんを拝む慣わしがあるが、今はただ一軒のみになっていた（写真）。

また、同じ甲賀町相模《さがみ》ではススキの穂を使わずに、同じように竹竿にくくりぶら下げる。

お月見は十五夜、つまり中秋の名月を眺めることは日本各地に身近な家庭で行っていた年中行事である。近年、こうした風流は一部の行事となったものはますます盛大になっている。一方で、自然との付き合いを大切にしてきた日本人独特の季節感は失われ、この時期店頭に売られる月見団子を食べるのが唯一のものになりつつある。

（長朔男）

三上のずいき祭り

野洲町三上《みかみ》のずいき祭りは、日野町中山の芋競べ祭りとならんで滋賀県を代表する特徴ある祭りである。いずれも秋の収穫祭的な意味合いで行われ、行事の中に子供相撲の取組があり、なによりもサトイモが主要な役割を果たす点に共通性がみられる。ともに国の重要無形民俗文化財に指定されている。三上が相撲《そうもく》神事と称するのに対し、中山は野神山で行われる野神祭りである。野神祭りは、湖東を中心に湖北から湖南へかけて広く分布するのに比べて、相撲(草木とも書く)は旧野洲郡と旧栗太郡の限られた地域で伝承されている。

三上のずいき祭りは、御上《みかみ》神社の本社の春祭りに対して若宮社の秋祭りをさす。芋茎で御輿を作ることからずいき祭りと呼ばれているが、この呼び名は比較的新しく、戦後になって対外的に広まったもので、地元では「そうもく」といい、「相撲」の字をあてている。

神事を執り行うのは、長之屋《ちょうのや》、東座、西座の三つの宮座からそ

ずいき祭り

れぞれ二人ずつが勤める頭人と各座の公文である。頭人は上座《かみざ》と下座《しもざ》に分かれ、おのおの自家でズイキの御輿を作って神社へ奉納するのであるが、社家筋にあたる長之屋は戸数が少ないため、上座と下座が隔年に奉納している。このため長之屋は一基、東座と西座はそれぞれ二基で、計五基の御輿が作られる。ところが御輿を作るのは各座の人でなく、頭人のオモシンルイとよばれる親戚や近所の人である。家々はいずれかの座に属しているが、座ごとに分かれて作業を行うのではなく、頭人の私的関係にある人たちの手伝いを得てずいき御輿が製作される。

祭りの二日前から親戚や近所が手伝いに集まり、御輿作りをはじめる。このことを三上では「お菓子盛り（御花子盛）」と称している。ずいき御輿はお菓子すなわち神饌ととらえられており、神饌であるズイキを御輿状に盛るのである。盛り菓子は、奈良県の談山《だんさん》神社や春日若宮御祭りに今も見られるように、古くから神饌として供えられてきた。罫紙《けいし》に書かれた「秋季古例祭式儀註」に、「即チ三尺五寸角ノ折敷ニ芋茎ニテ恰モ神輿ノ形ニ高四尺位ニ組立テ」とあり、できあがったずいき御輿を見ると、たしかに折敷《おしき》

「お菓子盛り」と呼ばれるずいき御輿の製作

らしい正方形の上にずいき御輿が盛られ、その周囲に柿や栗が並べてある。ずいき御輿があまりに大きいためほとんど下の折敷に気づかないのである。

集まった一〇人ほどの手伝いの人は、まず芋畑へ行きズイキ刈りをする。芋は掘らずそのままにして、まっすぐに伸びたずいきだけを一、二本ずつ根元から刈り取る。葉を落として、土やアクを取るため川で一本ずつ洗って約三〇〇本を持ち帰る。ズイキは色や太さなどを吟味して大中小に大別される。大は屋根の四隅のシュウギに用いられ、中と小は屋根や胴（側面）に用いられる。

御輿作りに長《た》けた人が中心となり、作業が進められる。この場所へ女性は出入りできない。御菓子盛台と称する中型があって、これに適当な長さに切ったズイキを串刺しして張り付けていく。御輿作りは二日間かけて行われ、ズイキ刈りの日は御輿の胴ぐらいまで仕上がる。二日目をお菓子盛りと呼んでおり、御輿の屋根を葺《ふ》いて栗と菜種で描いた「違い釘抜き」の神紋を取り付ける。屋根は方形で、目立つところなのでズイキの色太さに気を配る。とりわけ四隅のシュウギにはもっとも太くて立派なズイキを揃え

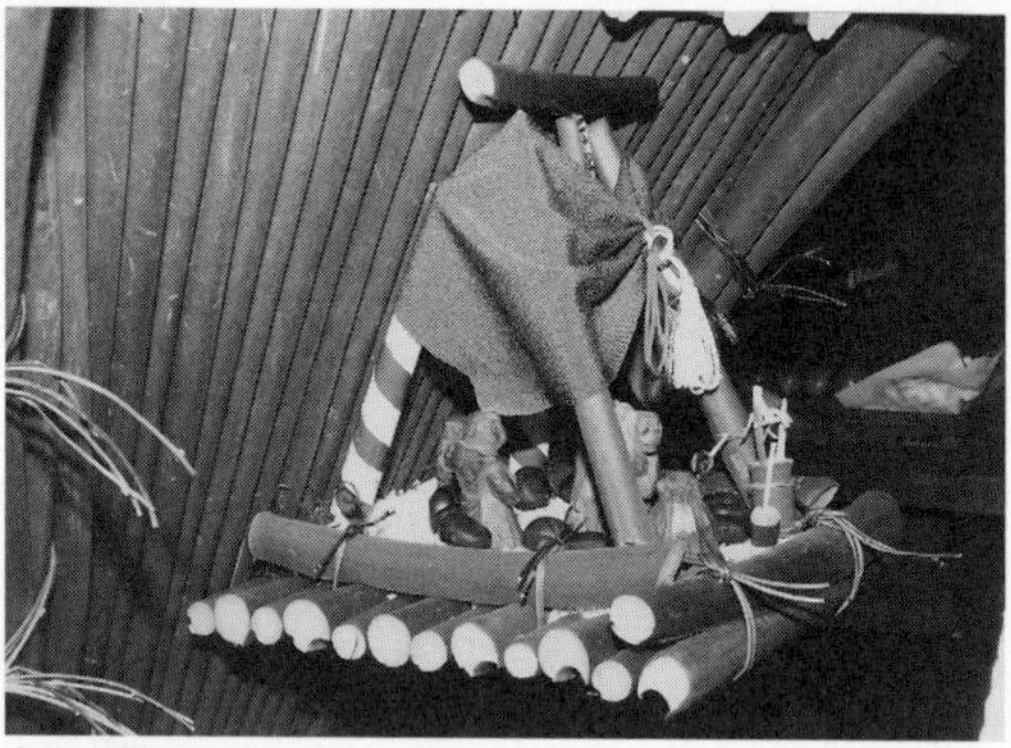
角力人形

る。胴の上部にも細い板を取り付け、神紋の落雁を紅白交互に張り付ける。四方に棚を設け、御輿の正面の棚に猿の角力人形、他の三方に時の花または造花を飾る。最頂部に神紋を張った枡を据え、最後に依り代の榊《さかき》を立てて御輿は完成する。

祭の朝、社参の前にずいき御輿の手直しをする。軒先が変色しているのでコグチを切り揃え、ズイキを濡れタオルで拭くなど美しく整える。午前十時、神社で太鼓が打たれ合図の花火が上がると、頭人は警護を従え、重親類が御輿を担いで神社へ出発する。

ずいき御輿は、いったん楼門の前に並べられお祓いを受けた後、拝殿に据え祭典が営まれる。祭典のあともそのままにして、翌日解体し、ズイキは境内の森に捨てる。お下がりとしてあとで食べることはない。根の芋は食べるが芋茎は地元では食べないという。

頭人の候補者は三年前から決まっていて、前年には種芋をもらい受け芋作りを始める。これは、頭人の年に約四〇〇株の芋を植え付けるためで、種芋を増やす目的のほかにサトイモ栽培のリハーサルも兼ねているとみられる。

この芋は、地元でオクテイモとよばれ、ずいき神輿を作るために頭人が栽培するほかは、食用として一般には栽培しない。食べない芋茎で神饌を作るのは不要品の活用にはなるが、それではあまりに神様に失礼である。裏付ける資料がないため推測に過ぎないが、おそらくこの行事が始められたときは、芋茎の部分も食用にされていたと考えられる。史料的には、天文十年（一五四一）に一度中断し二〇年後に復活して以後、現在まで続く長い歴史があることは確認できるものの、いつごろ始められた祭りであるか未詳である。

（長谷川）

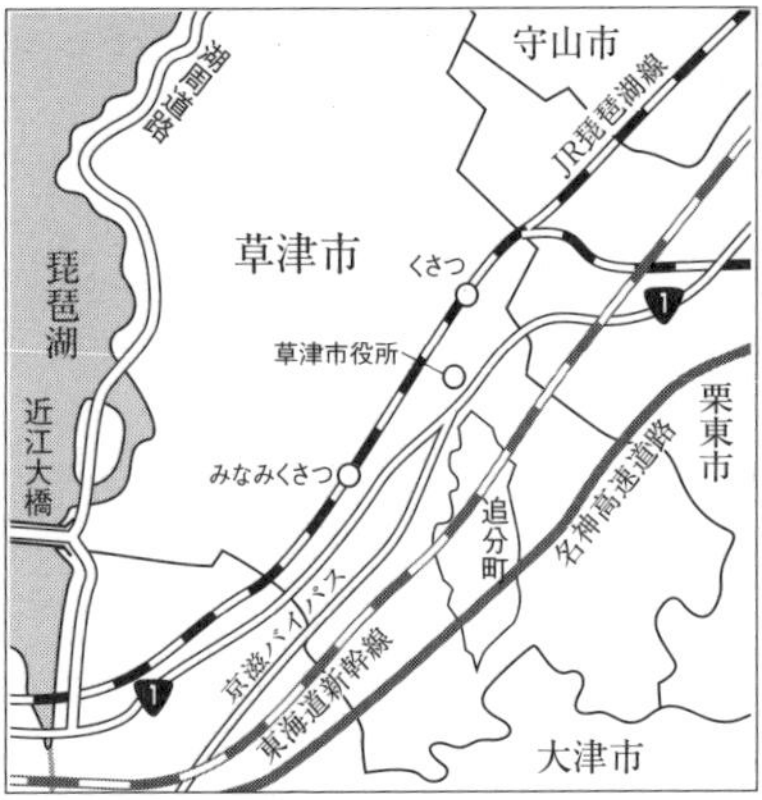

草津追分の芋祭り

草津市追分町では、十一月初旬に甘酒祭が行れる。この祭りは別名「芋祭り」といわれ、一週間にわたって執り行われる。追分町は東海道と中山道の別れ道にあたる要所で、戸数六十戸、あわせて五百反ほどの田畑を持つ農村だった。草津駅にも比較的近いところから、現在は宅地化が進み、田も三分の一ほどに減ってしまっている。農家は兼業がほとんどである。

大鍋で大量のサトイモを煮る

この芋祭りのおもしろいところは、サトイモづくしのご馳走が出ることである。一週間にわたってサトイモ料理がでるので、必要な芋の量は半端ではない。当番にあたると、その家では、半反ほどの田を祭りの芋専用に当てて栽培する。

祭りはサトイモを掘るところから始まる。手伝いには、芋掘り役、芋洗い役、芋むき役、芋を炊く役などが割り当てられる。芋掘り、芋洗い役は男性陣の役で、女性陣は皮むきと芋煮役を担当する。大勢で円陣を組んで、話をしながら、芋の皮をむいていく作業は壮観である。

むきあがった芋は、芋煮役が大鍋で次々と炊いて、盛り付けていく。茎のズイキも料理され、酢味噌合えにされる。サトイモ料理は、毎日出されるので、連日にわたって、芋掘り、芋洗い、皮むき、芋炊き作業がなされるのである。「芋祭り」の名に恥じず、あらゆる種類の料理が出てくる。サトイモの煮付、芋のするめ煮、芋棒、ズイキ合えと並び、サトイモが主役のお祭りなのである。

野上神社には、親芋に子芋がたくさんついた「サトイモの株」が供えられる。オコナイでは、子孫繁栄を願って男性器、女性器

芋祭りの神饌の主役はサトイモの株

サトイモの煮付けを１週間にわたって食べるので。「芋祭り」を呼ばれる

に造形された飾りものが出されることが多いが、追分でも米粉のしとぎで作って供えられる。

甘酒は当家で発酵させるが、米麹《こうじ》とご飯を仕込んでからの温度管理が大変で、当主が一番神経を使う場面である。甘酒は加減見して、発酵具合いを確認し、できあがったら、野上神社に奉納される。直会膳にも甘酒が出される。ほかに祭り最後の野上祭りの日には、二人で持たないと支えらないほどの大きなコイが煮つけられ、鯉そうめんが作られる。

以上見てきたように、追分の甘酒祭（芋祭り）は、甘酒をコメから醸成し、おかずはサトイモづくしと、コメとサトイモが主役となっている所に特徴がある。芋祭りからは、サトイモの位置づけが、コメと同等か、それ以上に高い印象を受ける。古代においては、食におけるサトイモの位置づけが、今以上に高く、重要な食料源であったことを物語っている。

（堀）

神饌を盛る（浅井町野瀬）

浅井町野瀬の御膳送り

浅井町野瀬では、年末から年始にかけて、「御膳送り」行事が執り行われる。五穀豊穣を願うオコナイの一連行事であり、十二月三一日と一月三日の夜に御膳を用意して、神様に供える。上の神のおられる上森《かみのもり》神社、下の神がおられる下森《しものもり》神社にそれぞれ、神饌の御膳が供えられる。

野瀬は湖北、草野川の上流域に位置する集落である。焼畑でサトイモを栽培していたので「ゴチソウイモ」ともいわれ、正月、オコナイなどの儀礼食に必ず登場する。昔は三百戸ほどあったが、現在は百十戸ほどになっている。草野川は、湖北の高山から姉川に流れ込む支流であり、川沿いに開けた村々は稲作を中心とする農村である。この辺りは昔からヤママユ（天蚕《てんさん》）から生糸をとる副業が続けられてきた。軒先で女性たちが、座繰り製糸法でヤママユから糸をつむいでいく。十数個の繭《まゆ》を一本の生糸にし、巻き取っていくのは熟練のいる作業である。ヤママユの絹糸は上質で、能衣装など高級布用に京都などに向けて出荷されてきた。

松の木の箸

太鼓・鉦をならしながら御膳を運ぶ

十二月三一日の午後七時から、当屋に五、六人が集まって、御膳の準備が始まる。神饌は、米とサトイモ、ゴボウ、ダイコンが主役である。サトイモは大きめの小芋、ゴボウは太目のものを斜め切りしたもの、ダイコンは五センチくらいの厚さに輪切りにしたものが用意される。サトイモ、ゴボウ、ダイコンとも、あらかじめ当屋でゆでておき、これらを集まった者でお椀に盛る。直径二十センチくらいの木の丸い浅椀で、このお椀には大きな太い木箸が添えられる。箸は松の木を削った手作りのハラミバシである。箸の両端を削って真ん中をふくらませたもので、稲がよくはらみますように、豊作でありますようにという願いをこめたものである。ハラミバシは他府県でも、小正月に小豆粥を食べる時に使われている。

午後八時過ぎ、御膳の準備が整えば、御膳を大きな重に入れて、風呂敷に包んで、当屋を出発する。太鼓と鉦《かね》を打ちながら、町内を行列して歩き、神社まで御膳を運ぶ。上の神様と下の神様に向かう二つの行列が村の中を進んでいくが、互いにどの辺にいるかを、太鼓の音で確認できる。師走《しわす》から正月にかけて、この辺りは

御膳を供える

神の御膳、ご飯と神饌

大雪で覆われていることが多く、雪明りでそれほど暗くはない。神社に到着すると、境内の神様の前へ進み、御膳を供える。つくったお箸を使って、臼形の石のお膳にサトイモ、ゴボウ、ダイコンを盛る。ご飯は、一升分くらいの四角い型を抜き取って、木皿に供える。

この行事のおもしろいところは、御膳を供える時に大声で神様に、御膳の内容を伝えるところにある。「お芋でござる」、「ごんぼでござる」、「大根でござる」と声を張り上げて唱和する。神様に供え、伝え終わったら、当屋で直合がある。

正月の一月三日にも、御膳を作り、神社に運ぶ。神饌はやはりサトイモ、ゴボウ、ダイコンで臼形の石のお膳に盛られる。四角い升形に抜き取った白米飯も一緒に供える。

三日の夜は、神社境内で火を起こし、四日まで消さずにともし続ける。火は神様にとって、ご馳走であるので、昼間も火の守りをする。一月四日はオコナイの本日を迎える。山の麓の雪深い村で、毎年、この御膳送りの行事が続けられている。

（堀）

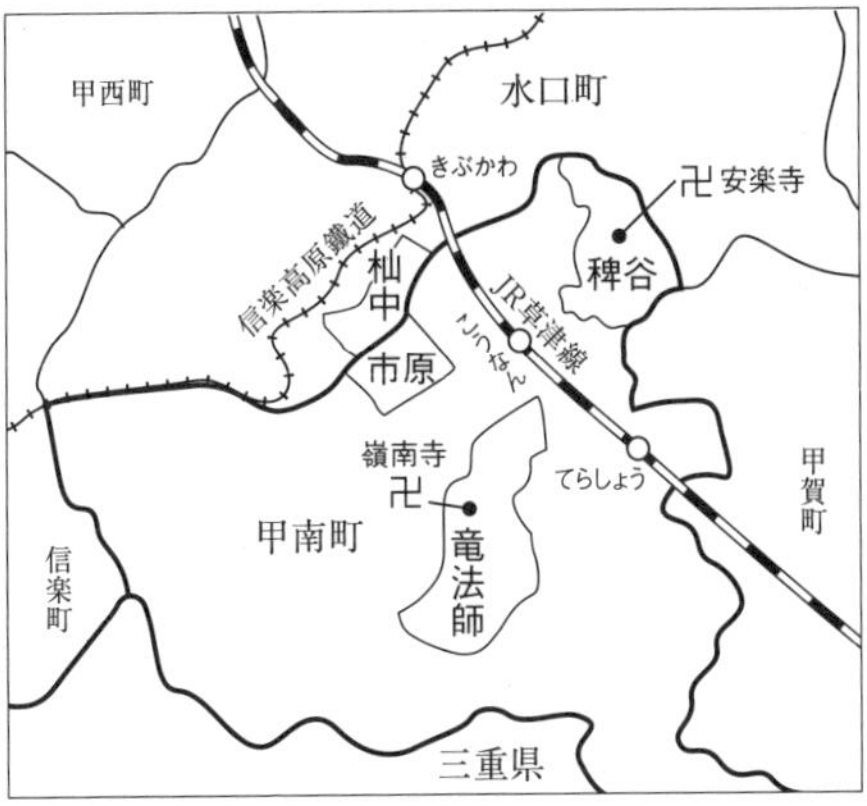

おこないとサトイモほか

甲南町竜法師《りゅうぼうし》にある嶺南寺地蔵堂のおこないは、俗にイモクイと称される。おこないでは、面座《おもざ》、中座、正面座から鏡餅が供えられ、若餅もしくはオト餅といって、跡継ぎができると供える決まりになっていた。住職による祈祷のあと、本堂広間で酒式が催される。三献の盃の肴は座により異なり、面座が、ゴボウ、漬物、一合餅、中座が、ゴボウ、コンニャク、漬物、正面座が、ゴボウ、漬物、餅で、イモクイとよばれるにも関わらず芋は出てこない。寺での儀式が終わって、座ごとにイモクイの当番の家へ集まり、長老一〇人を招き直会をする。そのときに芋を出すというが、今は仕出し屋から料理を取る。

水口町杣中《そまなか》のおこないでは、前日に年行事の家で供物の準備が行われる。千本搗きで男餅と女餅とを搗き上げると、ドウと呼ばれる太い藁束を一対作り、子芋を竹串に刺してドウに立てる。子芋には羽根をつけてスズメに形作るが、以前は子供の顔に加工したという。また、野老《ところ》に味噌を付け、洗米、塩とを一つの膳にし

甲南町市原の薬師堂のオコナイで供えられる、子芋を半切りにして顔を描いたもの

て漆の箸を添え薬師様へ供える。
杣中に近い、甲南町市原の薬師堂のおこないでも田芋が用いられる。勤頭《つとめとう》の仲間が宿に集まり準備をする。掛け餅、日の餅、月の餅、花びら餅、菱餅などといった餅のほか、ドンガラと呼ばれるものを作る。直径五〇センチほどの藁束を作り、これに子芋やサイコロに切った大根を付けた竹串を差す。子芋は半分に切って、へのへのもへじと顔を描く。これを六〇本作り、二〇本ずつ三つのドンガラに差すので、芋のドンガラともいう。田芋の親芋は正月の雑煮に入れて食べるので、残った子芋を利用する。おこないには、日の餅、月の餅、小餅も串差ししてドンガラに立て薬師堂に供える。行事が終わると、岩尾山(僧)、年行事、長老がもらって帰ることになっている。
甲南町稗谷でも田芋を用いて飾った籠が安楽寺の本堂へ供えられる。準備は、前日に集落の上と下から二人ずつ当番が出て宿で作業する。市原でドンガラというのを稗谷ではセコと呼び、竹籠に藁を詰めてあるところが少し異なる。セコの正面に鏡餅を付け、それのまわりに子芋を並べ、さらに四方に親芋をつける。竹を割

甲南町稗谷のオコナイ

って串を作り、親芋を差して立てるほか三日月や星（三角）にかたどった餅も竹串で立てる。同じセコを三つ作る。このほか、小豆を付けた鏡餅や花びら餅、餅花なども作られる。田芋は四人が協同して栽培する。

一五日未明、当番はセコを担いで安楽寺へ行き、飾り付けをする。準備が調うと釣鐘を突き、それを合図に村人が参り、午前六時からシュウシが始まる。

八日市市西市辺《にしいちのべ》の薬師堂裸祭りは、ハッピーマンデーで祝日が変更されるまで薬師如来の命日である八日に行われていた。その前日が若宮神社の宮座講で、シュウシと呼ばれる直会が行われる。かつてこのシュウシのとき、初献の前に「芋の燗《かん》」が出された。「芋の燗」とは「芋の羹」のことであろう。羹とは熱物《あつもの》のごちそうで、「芋の羹」はサトイモの入った羹のことである。

神事宿が当たると、田芋を一～二アール栽培し、田芋を蒸して味噌を付けたものを芋の燗として出した。昭和三十五年（一九六〇）に改正されて赤飯に変わり、昭和四十二年（一九六七）にはさらに赤飯から蒲鉾《かまぼこ》になった。

信楽町上朝宮の三所神社の秋祭りに供えられるサトイモ

永源寺町高野の山の神は、正月二日三日に、大神主、小神主とムロト（「室人」と表記する）で行う。二日は供え物の一つであるブトヒネリを社務所で作ることと囃子初《はやしぞ》めをする。ブトヒネリとは、伏兎すなわち油で揚げた餅のことで、ここでは虫のブト（ブヨ）と解釈し、小麦粉を練って大ブトと小ブトを作り山椒の実で目をつけ、油で揚げる。本社をはじめ各山之神へ供える「十一膳」には、二一品の供え物を揃えることになっており、白餅、小豆餅、栃餅、コウガイ餅、ブトヒネリ、ホンダワラ、橙、串柿、ジャクロ（石榴《ざくろ》）、榧《かや》などとともに自然薯《じねんじょ》や野老《ところ》が供えられ、山村らしさが感じられる。

また、八日市市今崎《いまさき》町の正月五日の弓を射る神事では、鏡餅、栗、干柿などとともに、皮をむいた子芋を一つ土器《かわらけ》に載せて供える。

以下は、必ずそうであると決まってはいないが、芋が神饌に加えられることの多い行事を紹介する。

マキノ町知内は漁業の盛んな土地として知られている。氏神日吉神社の神事は春と秋に行われ、フナやウグイを供えることに決まっている。第二次大戦前までは諸頭《もろとう》による厳重な祭りが行われ

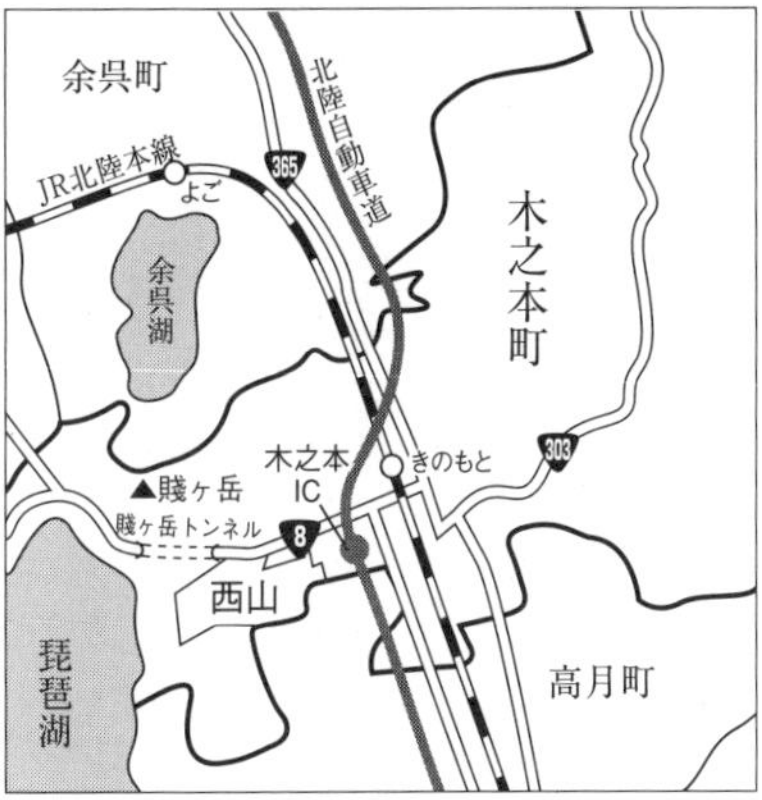

ていたという。宵宮に準備が行われ、稚児が頭に載せる輪を藁で編んだり、糯米を蒸した白蒸しで盛相《もっそう》にしたのを藁で包むように編んだり、木鉢に白蒸しを盛ったりした。このほかの神饌として、海のものにはシイラと昆布、山のものにはヤマイモ、里のものにダイコンや野菜など、川のものにコイまたはウグイが調えられ、唐櫃《からびつ》に入れて社参したという。

　信楽町上朝宮の三所神社の秋祭りには、神饌としてサトイモが供えられる。親芋に子芋がたくさんついた状態で、いま畑から掘り起こして芋茎を切り落としたばかりであるかのようである。必ず供える品目には入っていないが、氏子の誰かが供えるので、たいてい神饌に加えられるという。

（長谷川）

西山の汁オコナイ

　賤《しず》ヶ《が》岳《たけ》トンネルの南、木之本町西山でのオコナイは二つの行事がある。一つは「餅オコナイ」で、あと一つが「汁オコナイ」である。前者は湖北地方で普通に見られるように大きな鏡餅をつい

サトイモの葉を軒先に干す

時間をかけてサトイモの葉を刻む

て八幡神社に奉納するもので、二月の第二週日の土・日曜日に、汁オコナイは二月の第一週の土・日曜日に執り行われる。かつては二月一〜五日が汁オコナイ、六〜八日が餅オコナイであった。長男の年齢によって二軒の家が当番を勤める。これを塔屋（ふつうは「当屋」と書くことが多い）という。その年齢該当者を受塔者といい、年長者の家を先塔、年少者の家を後塔と呼ぶ。西山は戸数六八で、一〇軒程度の隣組から構成される。

オコナイの食事の準備は、五日の早朝からこれら二つの塔屋の家を中心にして行われる。塔屋に当たった家では、前年の夏に収穫したサトイモの先の部分の葉を束ねて陰干ししておく（写真右）。塵の家では客間をあけはなして、そこに大きなまな板のような板を七つ円座のようにならべ、その上で丁寧にしわをのばしながら昆布巻のように巻いて藁で止める。それを沸騰した桶につけて柔らかくする。

サトイモの葉は大きな菜切り包丁で細かく刻んでいく（写真左）。長老衆の指導のもとで、雑談しながら作業する。みんな組の名称がはいった揃いの法被《はっぴ》という出で立ちである。作業半ばからは酒

刻んだ葉をアク抜きする

をあおり、なごやかな雰囲気で進む。サトイモの葉が粘りけをもつので、かなりの力仕事になる。「今の若い者のなかにはこんな青臭いものよう食べられんもんもいる」と嘆きながらも、「葉はおいしいものではないが、在所に伝わってきた行事だから、絶やさずにやってきたよ」という。

これと並行して、その汁に入れる「打ち豆」の準備もする。打ち豆とは、豆を早く調理しやすいように水あるいは熱湯を吸収させた豆を木づち等で扁平にするもので、滋賀県では余呉町をはじめ伊香郡に濃厚に残る慣習である。西山の場合は湯で一五分ほど煮たものを、石臼の上で木づちで打っていく。最近ではすでに加工した市販のものを用いることも多い。

午後はこれらを先塔の家に運んで、両塔屋で用意したサトイモの葉を湯で煮る。そのしめ縄を作るのも男たちの仕事である。

五〇℃ぐらいの湯を桶に入れ、そこに刻んだ葉を入れてかきまぜ、アクを抜く作業にかかる（写真）。この湯は汁を作るのにも用いる神聖なものとして、しめ縄を釜に巻く。それを手でおにぎりを握るように団子状にする。この作業を五回ほど繰り返してアク

汁オコナイの神饌。ゆでたサトイモに小糠をまぶしておにぎり状にしたもの

をぬく。これと並行して後塔の家では、床の間に供える膳の用意をする。

ここに供える神饌は次のとおりである。写真の右手から、焼豆腐とサトイモ二つに小糠をまぶしたもの、とじ豆、直経約二〇センチの餅米を蒸した白蒸し、生のイワシを手製の竹串に刺したものを、へぎ折敷《おしき》の上にのせる。箸として一尺二寸の白木の杉の棒を二本前に揃えてある。このセットを先塔、後塔二つずつ作って、御神酒とともに供える。

ここで珍しいのがとじ豆である。これは、ひき臼で糯米《もち》を粉にして湯でこね、それに水につけておいた大豆を混ぜ、乳首の形に丸めて蒸す（次ページ写真）。

これらの準備はすべて各家の長男、世帯主である男性によって担われている。女性は一連の作業の後の酒宴の料理作りをする。当日用意されたのは、ゆでたタコ、サバのナレズシ、コアユの佃煮、サンショの葉を煮たものである。そして夕方あらかたの作業が終ると、先塔の手伝いの人は床の間に向かって柏手《かしわで》を打って、先塔の膳と注連縄《しめ》をもって家にもどる。そのあと、後塔の家で宴《うたげ》

神饌つくりのようす。とじ豆を、しん粉と大豆で円錐状にする

が始まる、先塔の家では持ち帰った膳を床の間に供える。それとともに、芋汁を炊く準備をする。昆布を下に敷いた鍋に、朝から用意した打ち豆とサトイモの菜、少量の味噌をいれて芋汁にする。これを夜に神社へ奉納する。

翌日、先塔の家で、神主・区長・氏子総代・宮世話らが集まり、汁オコナイの神事が執り行われる。掛軸の引き継ぎや、盃の交換など、塔屋引き継ぎの儀式が区長立ち会いのもとでなされる。

（野間）

第四章　これからの芋文化

▲地元特産のサトイモ「清水芋」を使った湖東第二小学校の給食
（東近江市立湖東第二小学校提供）

▼近年、気軽に購入や栽培ができるようになったさまざまな品種のジャガイモ（右）やサツマイモ（左）。右中央の丸い実は、ジャガイモの花の後にできた種をもつ実

出典：科学技術庁資源調査会編『五訂日本食品標準成分表』(2000)

ビタミン													食物繊維
A		D	E	K	B1	B2	ナイアシン	B6	B12	葉酸	パントテン酸	C	
チノール	カロテン												
μg	μg	μg	mg	μg	mg	mg	mg	mg	μg	μg	mg	mg	g
0	tr	0	tr	tr	0.09	0.03	1.3	0.18	0	21	0.47	35	1.3
0	23	0	1.6	0	0.11	0.03	0.8	0.28	0	49	0.96	29	2.3
0	5	0	0.6	0	0.07	0.02	1.0	0.15	0	30	0.48	6	2.3
0	5	0	0.3	0	0.15	0.05	0.4	0.11	0	13	0.85	7	1.4
0	tr	0	0.2	0	0.10	0.02	0.4	0.09	0	8	0.61	6	1.0
0	6	0	0.2	0	0.13	0.02	0.5	0.14	0	6	0.54	5	2.5
0	5	0	4.1	0	0.11	0.04	0.6	0.18	0	29	0.67	15	2.0
0	0	0	0.2	0	0	0	0	1.20	0	65	1.52	0	79.9
0	0	0	0	0	0	0	0	0	0	0	0	0	0

芋の栄養

表1に芋類の栄養成分を示した。芋の主成分はでんぷんで、西欧や南米・南太平洋諸島では、主要なエネルギー源である。しかし現在、日本人の芋類の摂取量は全摂取食品の二・九%と低く、一人当たりの熱量の二・一%（四一・一キロカロリー）を占めているに過ぎない。

しかし、芋類はミネラルやビタミン、食物繊維などを含む有用な食品である。一般に「イモは太る」といわれるが、水分や繊維が多く、脂質が少ないので、満腹感を与えるわりには摂取エネルギーは低い「太りにくい食品」である。

ジャガイモ

ジャガイモの一〇〇グラム当たりの水分は七九・八グラムで、エネルギーは七六キロカロリーと米（精白米）三五六キロカロリーよりも少ない。糖質は一七・六グラム含まれるが、そのほとんどはでんぷんで、ショ糖やブドウ糖、果糖といった甘味を持つ糖

表1　芋類の栄養成分（可食部100g当たり）

		エネルギー	水分	タンパク質	脂質	炭水化物	無機質							
							Na	K	Ca	Mg	P	Fe	Zn	Cu
		kcal	g	g	g	g	mg	mg	mg	mg	mg	mg	mg	mg
じゃがいも		76	79.8	1.6	0.1	17.6	1	410	3	20	40	0.4	0.2	0.10
さつまいも		132	66.1	1.2	0.2	31.5	4	470	40	25	46	0.7	0.2	0.18
さといも		58	84.1	1.5	0.1	13.1	tr	640	10	19	55	0.5	0.3	0.15
やまのいも	いちょういも	108	71.1	4.5	0.5	22.6	5	590	12	19	65	0.6	0.4	0.20
	ながいも	65	82.6	2.2	0.3	13.9	3	430	17	17	27	0.4	0.3	0.10
	やまといも	123	66.7	4.5	0.2	27.1	12	590	16	28	72	0.5	0.6	0.16
	じねんじょ	121	68.8	2.8	0.7	26.7	6	550	10	21	31	0.8	0.7	0.21
こんにゃくいも（精粉）		177	6.0	3.0	0.1	85.3	18	3000	57	70	160	2.1	2.2	0.27
キャッサバでん粉		346	14.2	0.1	0.2	85.3	1	48	28	5	6	0.3	tr	0.03

は〇・五〜三%ずつしか含まれないため味は淡白である。たんぱく質は一・六グラム含まれるが、ツベリンというグロブリンが主である。アミノ酸価は六八で第一制限アミノ酸はロイシンである。ビタミンAは含まないが、B_1やB_2、Cを豊富に含み、特にCは三五ミリグラムと温州みかんとほぼ同じ量を含み、さらにジャガイモに含まれるビタミンCは熱に強く、加熱調理後もかなり残存する。芋を多食するイギリスでは野菜と果実からのビタミン供給量の三〇%がジャガイモからである。無機質の中ではカリウムや鉄が多く、食物繊維も多い。

ジャガイモの発芽部に多く含まれるソラニンはアルカロイド配糖体で、運動中枢麻痺、中枢神経毒作用がある。集団給食で食中毒を起こしたこともあり、発芽した芽の周囲、特に緑色部分は十分に除くことが大切である。ジャガイモに含まれるチロシンは、空気に触れると酸化酵素の働きでメラニンを形成し、変色するので、皮をむいたり切った後は水につけて変色を予防する。

サツマイモ

サツマイモはジャガイモより水分が少ない（一〇〇グラム当たり六六・一グラム）ため、エネルギーは高い（一三二キロカロリー）が米に比べると三分の一程度である。糖質の主成分はでんぷんであるが、ブドウ糖、果糖、ショ糖が数パーセントずつ含まれていて甘い。たんぱく質は一・二％で、イポメインというグロブリンが主である。アミノ酸価は八八で第一制限アミノ酸はリジンである。カルシウムが多く、リンとの含量比からみて吸収がよい。カリウムが多く、ナトリウムが少ない。カロテンを二三マイクログラム含み、特に黄色種では五〇～四〇〇〇マイクログラムと多い。ビタミンCは二九ミリグラムと豊富で、加熱しても二〇ミリグラム程度残存する。

サツマイモはβ―アミラーゼを含み、でんぷんを麦芽糖に分解して甘味を増大させる。β―アミラーゼの至適温度は五〇～五五℃のため、加熱時間が長いほど甘味は強くなる。

サツマイモを切断すると切り口からヤラピンという白色乳液が

分泌し、空気に触れると黒変する。皮部に多く存在するポリフェノール化合物のクロロゲン酸は、ポリフェノールオキシダーゼで酸化されて着色する。これらのことから、皮をむいたり切った後は水につけたりして変色を予防する。

サトイモ

サトイモは水分が八四・一%とイモの中でも最も高く、そのためカロリーは低い（五八キロカロリー）。主成分は糖質で、その大部分はでんぷんであるが、他の芋類に比べて四〇分の一〜一五分の一の大きさのでんぷんであり、構造的に弱く、加熱による糊化がはやく、消化・吸収もよい。たんぱく質は一〇〇グラム当たり一・五グラムでアミノ酸価は八四、第一制限アミノ酸はイソロイシンである。カルシウムや鉄を含み、カリウムが多く、ナトリウムが少ない。ビタミンAはほとんど含まないが、B_1やB_2を含み、食物繊維を豊富に含む。

サトイモに特有の粘性は水溶性多糖質であるガラクタンや多糖類とタンパク質が結合したムチンによる。独特のえぐ味はホモゲンチジン酸やシュウ酸を含むためで、特に日照の強いところや乾燥したところで生育したサトイモではシュウ酸が多く蓄積し、えぐ味が強い。生のサトイモに触れるとかゆくなるのはシュウ酸カルシウムの針状結晶が皮膚を刺激するためである。加熱するとシュウ酸は溶出しにくくなるので、まずゆでて汁を捨てたり、塩でもんだりしてから調理する。また、ポリフェノール類を含むため、空気に触れると酵素により酸化されて色が悪くなる。

ヤマノイモ

ヤマノイモの水分は品種により差があり、六七％（ヤマトイモ）から八三％（ナガイモ）の範囲である。エネルギーも水分による差が大きく、六五〜一二三キロカロリーの範囲にある。主成分は糖質で、なかでもでんぷんやマンナンを多く含む。タンパク質は二・二〜四・五％でアミノ酸価は五二、第一制限アミノ酸はロイシンである。他の芋類と同様に、カルシウムや鉄を含み、カリウムが多く、ナトリウムが少ない。ビタミンAはほとんど含まないが、B_1やB_2を含み、食物繊維を豊富に含む。

ヤマノイモの粘性はたんぱく質（グロブリン）に少量のマンナンが弱く結合したものによる。でんぷん分解酵素であるジアスターゼや酸化還元酵素であるカタラーゼを含むため、消化がよく、芋の中では唯一生食できる。ポリフェノール類を含み、空気に触れると酵素によって酸化されるため変色が起こる。

コンニャクイモ

コンニャクイモの主成分は炭水化物のグルコマンナン（コンニャクマンナン）で、約一〇％含まれる。これはほとんど消化されない食物繊維で、エネルギーは低く、腸内をきれいにする作用がある。コンニャクイモには強烈なえぐみがあるためそのまま食用にはせず、こんにゃくやシラタキに加工されるが、これらには、カルシウムが豊富に含まれる。

（久保）

食生活における芋の位置付け

日本人が食用としている芋類には、サトイモ、ヤマノイモ、サツマイモ、ジャガイモの四種とコンニャクがある。

サトイモは、イネの伝来よりむしろ古いとされており、今に残る農耕儀礼や儀礼食にも多く用いられている。芋、茎ともに食べられ、調理方法も多様で日本人に最も親しまれてきた。

ヤマノイモ（自然薯）は、日本列島に昔から自生する芋で、食用の歴史は最も古く、今も野生種が採集利用されている。

南蛮貿易により渡来したジャガイモ、サツマイモは、飢饉時の貴重な食物として、一六七三年頃より生産が奨励されたことによって急速に人々の生活に取り込まれた。九州、関東各地で凶荒年にはサツマイモが多くの人々を救い、第二次世界大戦にともなう食料不足の時代には、日本人の空腹を満たし米の代用として役立った。芋類の主な栄養素は、穀類と同じく糖質で、エネルギー源として価値は高い。さらに米に不足するビタミン、ミネラル類、食物繊維を含有しており、日本人に嗜好上も好まれ、健康増進のためにも食生活に欠かすことのできない食材として位置づけられている。

　また、サツマイモ、ジャガイモは国内での生産性が高く、食料自給率向上の点からももっと利用したい食品である。芋を主食として栄養バランスのとれた献立で利用している例を、沖縄や北海道の伝統食にみることができる。沖縄の例では、お膳の飯の位置に蒸したサツマイモが置かれ、豚肉や野菜をふんだんに使った汁やおかずが取り合わせられて献立が完成している。北海道の伝統的な昼食献立として、芋の塩ゆで、ホッケの焼き魚、イカの塩辛が紹介され、夕食のサケ三平（汁）には必ず芋が入ると報告されている。ジャガイモはこの他、ゆでて、またはすりおろした後、餅や団子に加工して利用される。これからの芋食を考える上で参考にしたい知恵である。

　コンニャクは、サトイモ科に属する多年性植物で、地下にある塊茎の生芋はアクが多くそのままでは食用にならない。主成分の糖質がグルコマンナンであることが他の芋類と大きく異なる。グルコマンナンはヒトの消化管で消化・吸収されないためエネルギー源にならない食物繊維の仲間である。コンニャクは芋をゆでてアク抜きし、アルカリ（石灰水）を加えて整形・加熱しコンニャク加工品として仕上げたものを利用している。

（畑・榎）

芋の調理性

サトイモ

サトイモは、親芋、小芋、葉柄《ようへい》（ズイキ）のいずれの部分とも食用にされるが、主に利用される部分に品種による特性がみられる。ズイキは、赤紫色と緑色のものがある。赤いものは生でもえぐみが少ないが、緑色のものはえぐみがあり、芋部分を食用にするのに適した品種で、ズイキは皮をむいて天日で干したものが好まれる。全国各地でズイキを食べると産後の血清めに効果があると言い伝えられ、出産後に食べる習わしがある。

料理法は、皮をむいて三センチぐらいに切って鍋に入れ空炒りすると水分がでて軟らかくなるので、これに酢、砂糖、しょうゆまたは味噌で味をつけると出来上がる。この料理は伝統的には鉄鍋で作られてきたが、鉄鍋と磁器鍋で作って鉄の含量を測ってみると、磁器鍋で作ったものではほとんど鉄が含まれていないのに対して、鉄鍋の場合鉄の含量が非常に多くなっている。葉柄には鉄分は特に多く含まれてはいないが、このように調理して食べると鉄を摂取することが出来る。この伝統のズイキ料理の意味は大きいものと考えられる。

芋は皮をむいて水にぬれると手にふれた部分にかゆみを感じることがある。かゆくなるのは、皮にシュウ酸塩（189〜190ページ）が含まれ皮膚を刺激するためであると言われている。皮のまま洗って水気をとって皮をむくとよいとか、皮むき洗い道具が使われてきているのはそのためである。

サトイモは粘質物を含むのが特徴であるが、これはガラクタン、あるいはたんぱく質（グロブリン）と糖（マンナン）とが結合したもの、またはガラクトース・アラビノース・ウロン酸からなる多糖類であろうといわれている。この粘質物はでんぷんと共にサトイモの食味に大きく影響しており、特に汁物では粘りのあるすばらしい味を生み出し温もりが伝わってくる。煮物を作る時にはぬめりが加熱中のふきこぼれの原因となったり調味料の浸透を妨げるので、煮汁に調味料を加えた後に生芋を入れて加熱する。洗った芋に食塩を加えた後洗ってぬめりを除いて加熱する方法もあるが、芋に含まれるミネラルの損失につながるので好ましくない。

ヤマノイモ

ヤマノイモは中国、日本に野生し、古くから薬用あるいは滋養強壮剤として用いられてきた。食用として山採りのものが利用されたが、山に入って芋を探しあて掘り出す仕事は大変な労働が伴う。したがって自生のものの利用は少なくなり、栽培が行われるようになった。

芋は、茎の肥大したもので担根体とも呼ばれ、茎と根の中間的なものである。自生種はヤマノイモ、栽培種は中国原産のナガイモである。ナガイモには形状により、長形のながいも、いちょういも、つくねいもがある。

芋の中で珍しく生食できるのが特徴である。繊維が軟らく、炭水化物分解酵素アミラーゼを含んでいて消化を助ける。特有の粘質物を含み、すりおろしてとろろ汁とし、口あたりやのどごしのなめらかさなどの触感を賞味する。

ヤマノイモは、チロシンを含むため、空気に触れるとメラニン色素を生成して黒変するので、皮をむいたらすぐに水または酢水に漬けて変色を防ぐようにする。

また、ヤマノイモは、粘弾性を持ち気泡を抱きこむ性質があるので、薯蕷《しょよ》（じょうよ）まんじゅうやかるかん蒸しに利用されている。

ジャガイモ

ジャガイモは、日本人が食べる芋類の中で最もよく食べられる芋である。日本への導入の歴史は浅いにもかかわらず、サツマイモに比べて甘味が少なく、味が淡白なため、どんな料理にも向き、和風の煮物から、洋風のスープ、シチュー、コロッケ、サラダ、ポテトチップス等さまざまな料理で食卓に登る。それぞれの料理は、ジャガイモの性質を知って利用することでおいしく仕上がる。

ジャガイモの主成分はでんぷんであるが、その含量は品種、収穫時期、貯蔵条件によって異なる。一般にでんぷんの多い粉質のいも（男爵、キタアカリ）は粉ふき芋やマッシュポテトに適するが、煮物では煮崩れしやすい。煮崩れしにくい粘質の芋（メークイン、紅丸）がおでんやシチューに適する。芋は加熱によって細胞内のでんぷんが糊化でんぷんに変わる。芋をゆでた後煮汁を捨てて、鍋を火にかけ揺り動かすと表層部が細胞単位にばらばらになり粉ふき芋ができる。マッシュポテトは、ゆであがって熱いうちに裏ごすとよい。冷めてから裏ごすと細胞壁が破壊されて細胞中から糊化でんぷんが出て粘りを生ずる。

ジャガイモのビタミンCは含量が多いことと、貯蔵や加熱調理によって失われにくいことから、そのよい給源となる。一〇〇グラム中の含量は、ほうれんそうと同じ三五ミリグラムである。丸ごと蒸したり、天火で焼いた場合のビタミンCの残存率は約七五％であり安定している。また、ビタミンB_1やミネラル類も多く含まれるから、栄養面でも野菜としての利用が薦められる。

ジャガイモの芽や緑色になった皮部分にはアルカロイド配糖体の一種ソラニンが含まれる。多量に摂取すると食中毒を起こし、加熱によって無毒化しないので、調理の際にはこの部分を取り除いて用いることが肝要である。

サツマイモ

サツマイモは、ジャガイモに比べて可溶性の糖を多く含むので甘味が強い。甘いので苦手の人もあるようだが、やはりサツマイモは、甘さがうれしい。砂糖が貴重品であった時代には、蒸し芋、焼き芋は、甘くて主食の補いにもなる貴重な食べ物であった。芋ご飯、芋がゆ、芋だんごは、今ではほのかな甘さとヘルシーさを楽しむ。

サツマイモにはアミラーゼが含まれており、加熱調理では一〇〇℃になるまでの間に働き、でんぷんを分解して麦芽糖を生成するため甘味が増す。ゆっくり加熱する調理法の方が甘く、短時間加熱の電子レンジの場合は甘味は少ない。

今ではほとんど作られなくなったが、芋飴は、第二次大戦後の甘いもののない時代に県下各地で作られたようである。大麦を発芽させたもやしを乾燥して粉に挽き、よく煮たサツマイモに加えて寝かせ、液が澄んできたら絞り、汁を竈《かまど》で煮つめて作る。大麦の発芽時に麦芽アミラーゼが作られ、煮た芋と混ぜて寝かせている間に芋のでんぷんは麦芽糖に変えられ甘くなる。昔は、どこの家でも作ったと話された方々はもうかなりご高齢である。

サツマイモ料理の色を美しく仕上げたい時には、皮を厚めにむき、切ったらすぐに水またはみょうばん水につけるとよい。切り口が黒くなるのは、ポリフェノール類が酸化酵素によって酸化され、褐色物質を生ずるためである。きんとんの場合には、クチナシの実を入れてゆでると黄色く着色できる。

芋するめは保存の難しいサツマイモを乾燥して作る保存おやつである。その他、芋かりんとう、きんとん、芋羊羹、スイートポテトなど菓子類にして利用する。惣菜としては、てんぷら、煮物がある。

サツマイモの茎もおいしい食材である。皮をむいてゆで、炒め煮やごま和えにするとよい。

（榎・畑）

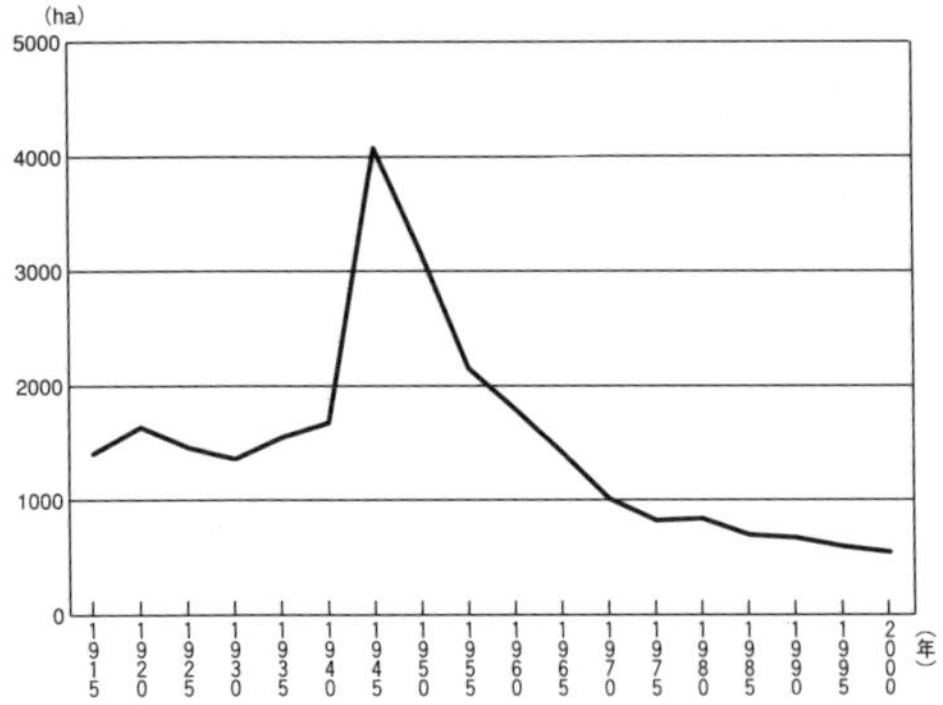

図1　滋賀県におけるサツマイモ、ジャガイモ、サトイモの合計作付面積の推移

滋賀県の芋の生産

滋賀県の芋類（サツマイモ、ジャガイモ、サトイモ）の作付面積と収穫量の変遷を見てみた。なお、農林水産省をはじめ多くの農業統計では、サツマイモは「かんしょ（甘藷）」、ジャガイモは「ばれいしょ（馬鈴薯）」に表記が統一されているが、ここではより一般的なサツマイモ、ジャガイモの表記に直した。

図1に芋類の合計作付面積、図2に収穫量を滋賀県統計書で可能なかぎり拾い出した。大正四年（一九一五）頃から終戦頃（昭和二十年）までの収穫量は一万五〇〇〇トンから二万トンの間で推移している。

しかし、昭和二十年（一九四五）に食糧管理法が制定され、芋類は米価に対する一定比率で価格を決める、いわゆる対米比価方式で価格が決められ、また、戦後の食糧難を打開するため農家が保有する芋類の全量供出が強行された。その結果、昭和二十年から二十五年頃まで作付面積は急激に増加し、三万七〇〇〇トンまで増加した。

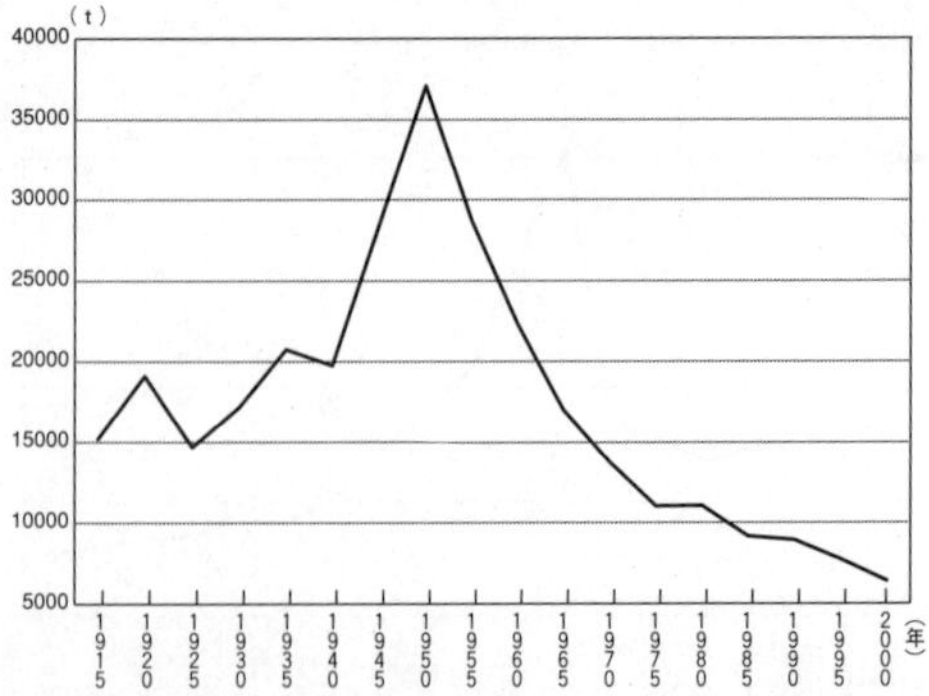

図2　滋賀県におけるサツマイモ、ジャガイモ、サトイモの合計収穫量の推移

昭和二十八年（一九五三）には統制が解除され、また価格についても抑制的な政策がとられた結果、作付面積も収穫量も減少することになった。さらに昭和三十六年（一九六一）には、農産物の自由化（国際的な開放経済体制）が実施され、さらに年々減少し続けた。

それではここで、芋類を一品ごとに調べてみることにする。図3はサツマイモ、ジャガイモ、サトイモの作付面積を示し、図4、図5はその三種類にヤマイモ、コンニャクイモを加えそれぞれの収穫量を統計表で拾えるだけ調べた。大正から昭和三十五年（一九六〇）頃までサツマイモの収穫量が最も多く毎年一万トン以上の収穫量があったが、それ以後は、ジャガイモが作付面積、収穫量とも上まわっている。これは人々の食生活や好みの変化の表れと見ることができる。

図5は最近一五年間の芋類の収穫量の推移を示した。ヤマイモについては統計表で拾えたものだけを記入したが、コンニャクイモについては統計表に記載がなくなっている。もはや主要な農作物でないということか？（群馬産に切り換えられたためかもしれない。）また、平成六年（一九九四）と七年（一九九五）のサツマイ

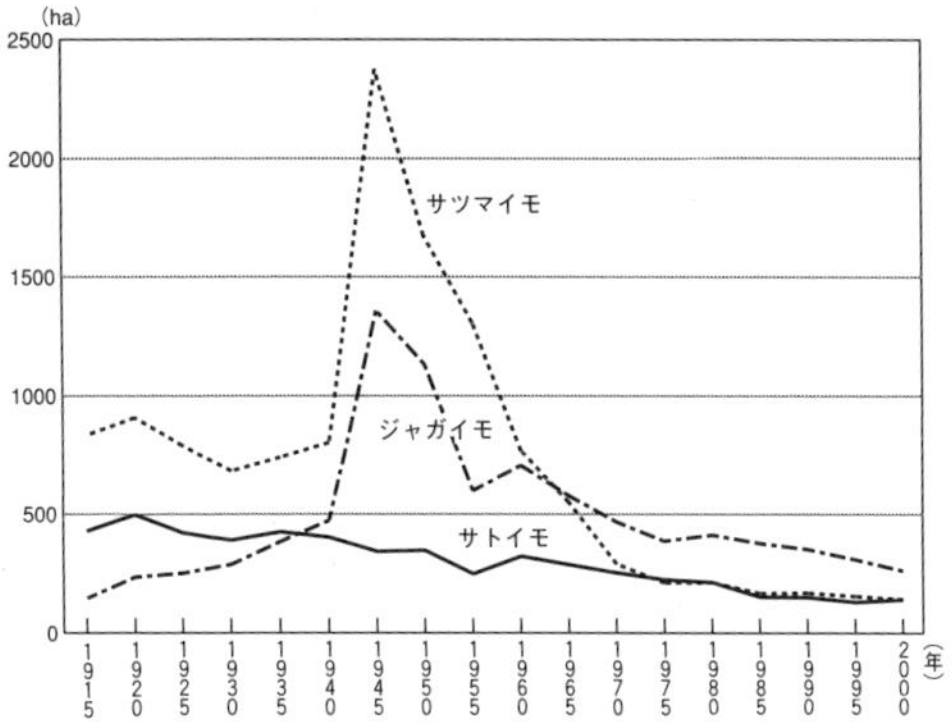

図3　滋賀県における芋類の作付面積の推移

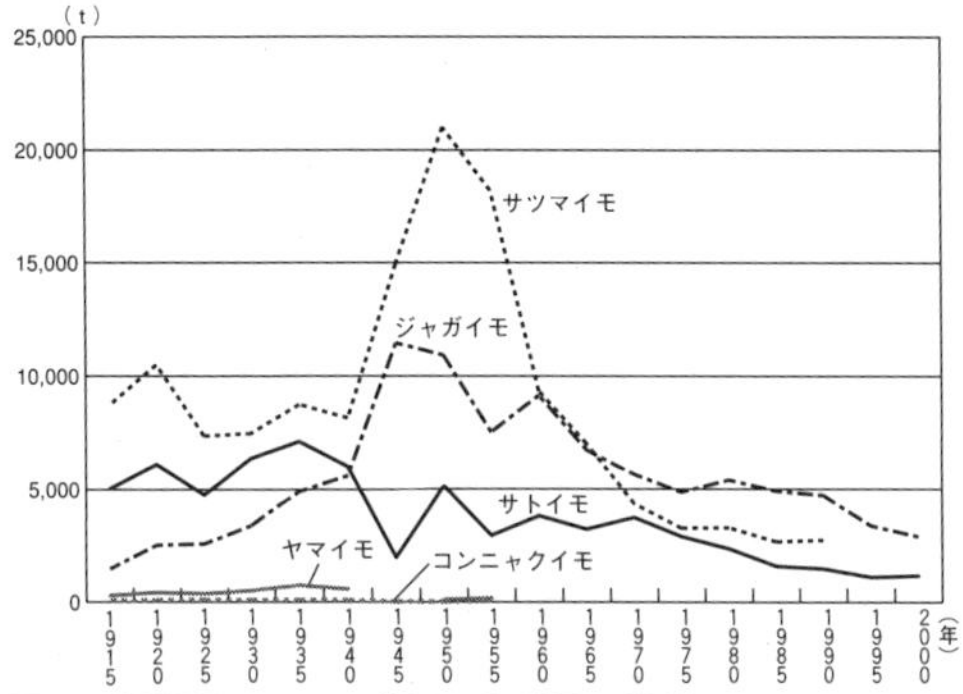

図4　滋賀県における芋類の収穫量の推移

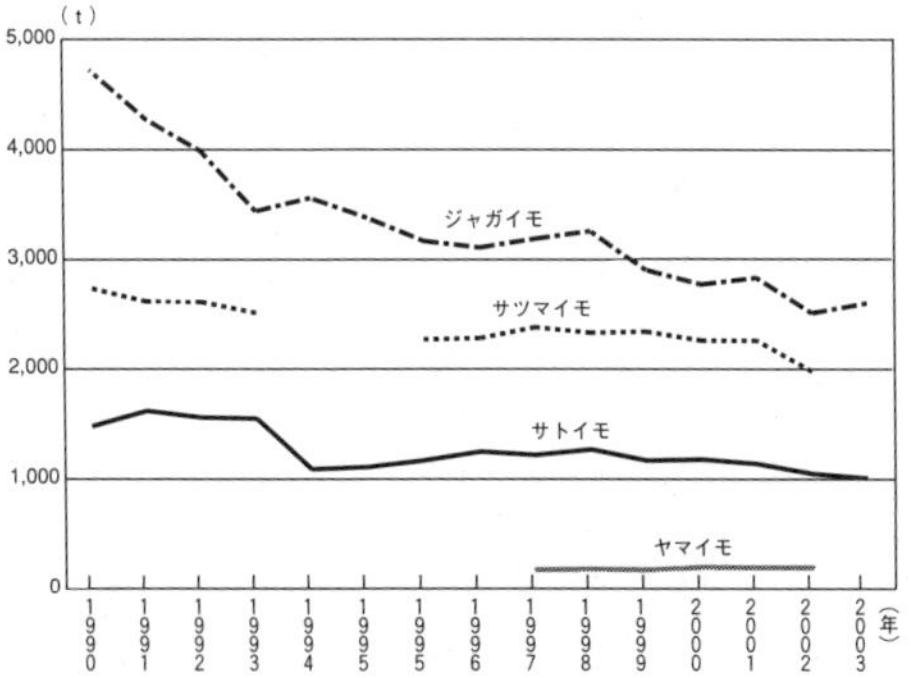

図5　滋賀県における芋類の収穫量の推移（近年）

モの収穫量は統計表になかった。

昭和二十五年には最高二万トンを越える収穫量を示したサツマイモは平成十五年（二〇〇三）では二〇〇〇トンと一〇分の一になっている。現在、芋類の中で一番収穫量の多いのはジャガイモで、それでも昭和二十五年の一万二〇〇〇トンから平成十六年（二〇

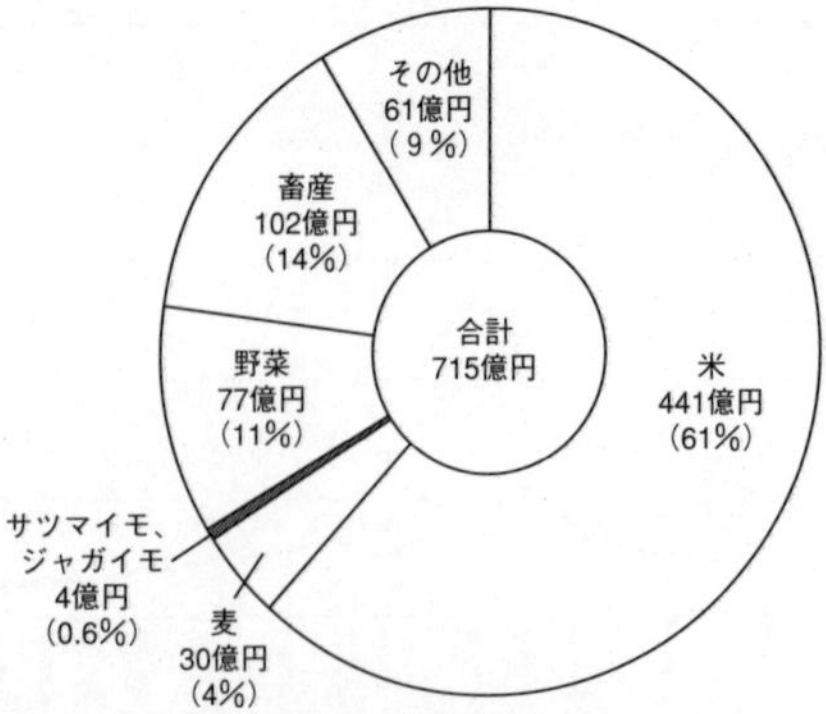

図6　滋賀県の農産物産出額（2001年）

〇四）には二六〇〇トンまで減っている。

図6の円グラフは、平成十三年（二〇〇一）の滋賀県農産物産出額を金額で示した。滋賀県の全農産物の産出額は、畜産物を入れても全部で七一五億円、このうち芋類はわずか四億円で一%にも満たない。

なお、全国の芋類産出額は二一四五億円で、滋賀県はその〇・二%に過ぎない（ちなみに全国の全農産物の産出額は、平成十三年で八兆九七二四億円である）。現在では、サツマイモは鹿児島県と宮崎県、ジャガイモは北海道が大生産地で、滋賀県はそれらから購入しているのが実情である。平成十年（一九九八）以後の滋賀県の芋類の収穫量に対する出荷量はわずか八〜一〇%である。これから芋類を生産している農家は主に自家消費用に栽培しており、販売に回される量は少ないといえる。

このことは、滋賀県の農業が従来から米に頼る部分が高かったことを反映している。農家の経済作物の中心が米であり、芋や野菜、雑穀は自家消費分だけを栽培する農家が多かった。出荷する芋こそ少ないが、農家で消費する分は自給してきた長い歴史がある。農家における芋は、米に次ぐ大事な作物であり、とりわけ米が不作の時には何度となく命をつなぐ糧となってくれた実績を持っている。米が中心の滋賀県においても、芋の位置づけは高く、今後もそのスタイルは変わらないと考えられる。

（荒）

あとがき

今回、近江の暮らしと芋を主題にとりあげました。滋賀の食事文化研究会で担当させてもらった淡海文庫食シリーズの第六巻目としてお届けできましたことを、研究会員一同心より喜んでおります。

琵琶湖を擁し、米作りの盛んな滋賀において、「芋」はどのように位置づけられるか、毎日の食生活で果たしている役割は何かを考えてみました。「芋と近江のくらし」は、滋賀の食事文化研究会のメンバーで、この十年ほどかかって、聞き取り調査や文献調査をし、芋料理を再現して得られた成果がまとめられています。これらの作業を通して、米が豊かに取れる滋賀県においても、芋がいかに大事な食材であったかを確認することができました。米に比べて貯蔵期間は短い欠点はありますが、やせた土地でも育ってくれ、農村では芋を植え育て継承してきました。「ヒトと芋は、米よりも長いつきあいがあったこと」、いまなお「食生活において欠かせない食材であること」を学びました。また「モンスーンアジアにおけるヤムイモ（山芋）、タロイモ（里芋）の種類の豊富さと重要性」を学びました。同時に毒成分を何がしか含み、えぐ味の強い野生の芋類を、作物として手なづけ、改良に取り組んできた人々の長期のわたるたゆまない努力にも感激しました。

日本において、芋はどちらかというとめだたない食材です。しかし主食の米の補い食として、米の端境期に重要な食材となってきました。とりわけ不作の年や飢饉の時、戦争時などには、命をつないでくれる食材でした。ヤマイモやサトイモなどアジア起源の芋だけでなく、十六世紀以降は、ジャガイモやサツマイモも人々を支えてきてくれました。この機会を借りて、「芋」に感謝したい気持ちにさせられました。

若い世代には、「芋はダイエットの敵」と映っている風潮があります。しかし、しっかり芋を見てみたら、むしろ芋は、「優れたダイエット食品」であるということがわかります。若い世代が、芋にスポットを当ててくれ、芋の文化を継承していってくれることを願っています。

今回も芋の取材を通して、各地域でたくさんの方々にお世話になりました。芋が登場する祭りの調査では、神饌の下ごしらえや作り方を教わり、直会には同席させてもらうなどして賞味させていただきました。また本書をまとめていく作業の中で、サンライズの岩根順子社長、岸田幸治さんには大変お世話になりました。深く感謝します。

堀越昌子

◆参考文献◆

■第一章

赤井達郎『菓子の文化史』河原書店（二〇〇五）
芥川竜之介『羅生門・鼻・芋粥・偸盗』岩波書店（二〇〇二）
吾郷寅之進編『幸若舞曲研究　第三巻』三弥井書店（一九八三）
浅賀千里「里芋の食習について」『日本民俗学』56　日本民俗学会（一九五九）
飯田孝則『新特産シリーズ　ジネンジョ』農山漁村文化協会（二〇〇一）
石毛直道編『東アジアの食の文化』平凡社（一九八一）
井上頼壽『近江祭禮風土記』滋賀県神社庁（一九六〇）
伊吹町史編さん委員会編『伊吹町史　通史編　下』伊吹町（一九九五）
おいしい山形推進機構事務局「山形のうまいもの」http://www.yamagata.nmai.org/umaimono/kyoudo/imoni.html
大澤いきいき郷づくり委員会字誌編纂部会編『私たちの大澤』湖東町大澤区（二〇〇五）
大塚虹水『続・滋賀の百祭』京都新聞社（一九九八）
岡本信男『近江中山芋くらべ祭』芋くらべ保存会（一九八九）
科学技術庁資源調査会編『五訂日本食品標準成分表』（二〇〇〇）
粕渕宏昭「『近江の農書』補遺〈3〉―松本五郎平と弥高イモについて―」『湖国と文化』20　滋賀県文化体育振興事業団（一九八二）
片山丈士『加藤清正　上巻・下巻』河出書房（一九六六）
京都新聞滋賀本社編『近江ふるさとの味』サンブライト出版（一九八三）
京都大学文学部国語学国文学研究室編『諸本集成　倭名類聚抄』臨川書店（一九六八）
草津市史編さん委員会編『草津市史　第四巻』草津市（一九八八）
群馬県特作技術研究会編『新特産シリーズ　コンニャク』農山漁村文化協会（二〇〇六）
甲賀七彩ものがたり研究会編『ふるさと甲賀七彩《なないろ》ものがたり　第五集』甲賀七彩のつどい実行委員会（二〇〇〇）
湖東町役場編『報道にみる湖東町史』（一九八九）
坂田郡教育会編『わたくしたちの坂田』（一九八七）

佐々木高明『照葉樹林文化の道』NHKブックス（一九八二）
山東昔ばなしうたごよみ編集委員会編『山東昔ばなし　うたごよみ』山東町史談会（一九八一）
滋賀県湖東地区農業改良普及所編『特産旅情』（一九八七年）
滋賀県湖東地区農業改良普及所編『ふるさと特産秦荘町やまのいも』（一九八三）
滋賀県神道青年会編『近江の祭礼』近江文化社（一九九一）
滋賀県立長浜農業高等学校・同窓会・PTA編『長農八十年史』（一九七九）
志賀町教育委員会編『志賀町むかし話』（一九八五）
滋賀の食事文化研究会編『くらしを彩る　近江の漬物』サンライズ印刷出版部（一九九八）
滋賀の食事文化研究会編『滋賀の食事文化』第8号（一九九九）
島田勇雄注釈『本朝食鑑Ⅰ』平凡社（一九七六）
杉本圭三郎訳中『平家物語（六）』講談社（一九八四）
多賀町史編さん委員会編『多賀町史　上巻・下巻』多賀町（一九九〇）
武内孝夫『こんにゃくの中の日本史』講談社（二〇〇六）
筑波常治「文化史的にみたいも類」『いも―見直そう土からの恵み』女子栄養大学出版部（一九八五）
土屋喬雄校注『農業全書』岩波書店（一九三六）
坪井洋文『イモと日本人』未来社（一九七九）
中尾佐助『栽培植物と農耕の起源』岩波書店（一九六六）
中尾佐助「四大農耕の系統」『朝日百科 世界の植物』12　朝日新聞社（一九七八）
長友千代治校注『元禄若者心得集女重宝記・男重宝記』社会思想社（一九九三）
西貞夫「野菜あれこれ(3)」『調理科学』13（一九八〇）
農文協編『野菜園芸大百科　第2版13　サトイモ／ナガイモ／レンコン／ウド／フキ／ミョウガ』農村漁村文化協会（二〇〇四）
秦石田・秋里籬島『近江名所図会』臨川書店（一九九七）
原田信男『和食と日本文化　―日本料理の社会史―』小学館（二〇〇五）
彦根市史編集委員会編『新修彦根市史 第九巻 史料編 近代二・現代』彦根市（二〇〇五）
廣瀬忠彦『古典文学と野菜』東方出版（一九九八）

星川清親『いも—見直そう土からの恵み』女子栄養大学出版部（一九八五）
星川清親『食用植物の起源と伝播』二宮書店（一九七八）
星川清親、田中正武、湯川洋司「サトイモ」『日本大百科全書』小学館（一九九八）
堀田満「根菜農耕文化の作物」『朝日百科 世界の植物』12　朝日新聞社（一九七八）
堀越昌子「滋賀の里芋文化と追分の芋祭り」『滋賀の食事文化』第八号（一九九九）
松下幸子『祝いの食文化』東京美術（一九九一）
宮本常一『粒食文化と芋飯文化』柴田書店（一九八一）
守山市教育委員会編『守山往来』（一九八〇）
山田卓三『万葉植物辞典「万葉植物を読む」』北隆館（一九九五）
横田英男『湖東町の伝承と伝説』サンブライト出版（一九六七）
吉田豊訳『雑兵物語 他』教育社（一九八〇）

■第二章

栄養学レビュー編集委員会編『微量栄養素』建帛社（一九九六）
河村和男『食の文化誌』食文化研究会（一九九三）
草津県事務所県民課編『湖南食風土（フード）紀行』草津県事務所（一九九一）
湖北農村活性化センター『湖北の古今食文化　手づくりの味』（二〇〇三）
滋賀県教育委員会編『滋賀県の伝統食文化調査』（一九九八）
滋賀県湖南地区農業改良普及所編『湖南の味』（一九八四）
滋賀県農林部農産普及課編『ふるさと滋賀の手づくりの味』滋賀県（一九八七）
滋賀の食事文化研究会編『近江の飯・餅・団子』サンライズ出版（一九九四）
坪井洋文『イモと日本人』未来社（一九七九）
中尾佐助『栽培植物と農耕の起源』岩波新書（一九六六）
「日本の食生活全集滋賀」編集委員会編『聞き書　滋賀の食事』農山漁村文化協会（一九九一）
日本風俗史学会編『図説　江戸時代食生活事典』雄山閣出版（一九八九）

湯浅浩史『植物と行事　その由来を推理する』朝日新聞社（一九九三）

■第三章

内田道夫『北京風俗図譜』平凡社（一九六四）
近江八幡市教育委員会編『近江八幡の火祭り行事』（一九九八）
喜多川守貞『守貞漫稿』東京堂出版（一九八八）
滋賀県教育委員会編『滋賀県民俗地図』（一九七九）
滋賀県甲賀郡甲賀町教育委員会編『甲賀のむかし話と行事』（一九七八）
滋賀大学教育学部・滋賀の食事文化調査研究班『滋賀の伝統的食文化』滋賀大学教育学部（一九九四）
島田勇雄『本朝食鑑　一』平凡社（一九七六）
菅沼晃次郎『日牟礼八幡宮火まつり調査報告　日牟礼の火祭』日牟礼八幡宮（一九六六）
日本随筆大成編輯部編『日本随筆大成　第三期巻三』「浪花の風」吉川弘文館（一九七七）
古川久解説『俳諧歳時記栞草』八坂書房（一九七三）
山路興造ほか『滋賀県選択無形民俗文化財調査報告書　三上のずいき祭り』ずいき祭保存会（二〇〇一）

■第四章

科学技術庁資源調査会編『五訂日本食品標準成分表』（二〇〇〇）
梶原直子他「バレイショの中のソラニンの測定」『食品衛生学雑誌』25（一九八四）
桐淵寿子他『家政学雑誌』27、日本家政学会（一九七六）
健康・栄養情報研究会編『厚生労働省　平成十五年　国民健康・栄養調査報告』第一出版（二〇〇六）
「日本の食生活全集北海道」編集委員会編『聞き書　北海道の食事』農山漁村文化協会（一九八六）
「日本の食生活全集沖縄」編集委員会編『聞き書　沖縄の食事』農山漁村文化協会（二〇〇〇）
滋賀農林統計協会「滋賀県統計書」
近畿農政局滋賀統計情報事務所「全国、近畿及び府県別生産農業所得統計」

◆協　力◆（敬称略、五十音順）

大伴方子（大津市坂本）
川合和三（大津市坂本）
久保とく（大津市坂本）
澤　並衛（東近江市小川町）
重森　渡（多賀町楢崎）
田中吏由子（甲賀市信楽町多羅尾）
谷川聡一（愛荘町長野）
谷本　勇（大津市京町）
野村宗一（東近江市大沢町）
比良山荘（大津市葛川坊村町）
細江正義（長浜市難波町）
山内喜平（木之本町古橋）

宇野日出夫（京都市歴史資料館）
大谷博実（滋賀県農業技術振興センター）
浜岡真哉（東びわこ農業協同組合多賀営農センター）

滋賀県立琵琶湖博物館
東近江市立湖東第二小学校

◆著者略歴◆ （五十音順）

著者名（ふりがな）の後の（ ）は、著者名の略号である。本文中の執筆担当部分は、各文末に（滋）のように著者名の略号で示した。（編）は小社編集部が担当。

荒金煕宮子（あらかね・きくこ） （荒）
一九三六年福岡県生まれ
滋賀県大津市在住

榎 和子（えのき・かずこ） （榎）
一九三九年山口県生まれ
元滋賀女子短期大学教授
京都府相楽郡精華町在住

長 倭子（おさ・しずこ） （長倭子）
一九三八年滋賀県甲賀郡生まれ
滋賀県草津市在住

長 朔男（おさ・さくお） （長朔男）
一九三九年京都府生まれ
元雇用促進事業団（雇用・能力開発機構）京都職業能力開発促進センター所長
滋賀県草津市在住

粕渕宏昭（かすぶち・ひろあき） （粕）
一九四七年滋賀県米原市生まれ
滋賀県立長浜農業高校教諭
滋賀県米原市在住

串岡慶子（くしおか・けいこ） （串）
一九四六年石川県金沢市生まれ
滋賀女子短期大学非常勤講師
滋賀県大津市在住

久保加織（くぼ・かおり） （久保）
一九六一年三重県生まれ
滋賀大学助教授
大阪市在住

桑村邦彦（くわむら・くにひこ） （桑）
一九六一年京都府京都市生まれ
滋賀県琵琶湖環境部自然保護課
滋賀県大津市在住

小島朝子（こじま・ともこ） （小）
一九四七年滋賀県蒲生郡安土町生まれ
滋賀女子短期大学教授
滋賀県野洲市在住

坂本裕子（さかもと・ひろこ） （坂）
一九五三年京都府京都市生まれ
京都文教短期大学助教授
京都府城陽市在住

竹澤文雄（たけざわ・ふみお） （竹）
一九四八年滋賀県大津市生まれ
（有）フード総合研究所
滋賀県大津市在住

中川長司（なかがわ・ちょうじ）　（中川）
一九三四年滋賀県長浜市生まれ
元滋賀県立長浜農業高校教諭
滋賀県長浜市在住

中村紀子（なかむら・のりこ）　（中村）
一九四三年滋賀県長浜市生まれ
滋賀県立大学・滋賀女子短期大学非常勤講師
滋賀県長浜市在住

野崎恵子（のざき・けいこ）　（野崎）
一九四二年滋賀県愛知郡愛荘町生まれ
元滋賀県生活改良普及員
滋賀県愛知郡愛荘町在住

野間晴雄（のま・はるお）　（野間）
一九五三年京都府京都市生まれ
関西大学教授
大阪府枚方市在住

長谷川嘉和（はせがわ・よしかず）　（長谷川）
一九四六年大阪府高槻市生まれ
滋賀県教育委員会
大阪府高槻市在住

畑　明美（はた・あけみ）　（畑）
一九三三年岡山県生まれ
元京都府立大学教授
滋賀県大津市在住

早川史子（はやかわ・ふみこ）　（早）
一九四四年神奈川県横浜市生まれ
滋賀県立大学教授
滋賀県大津市在住

久田幸子（ひさだ・さちこ）　（久田）
一九四一年京都府生まれ
滋賀県食品産業協議会
滋賀県東近江市在住

肥田文子（ひだ・あやこ）　（肥）
一九四〇年滋賀県長浜市生まれ
湖北町農村女性活動グループ
滋賀県東浅井郡湖北町在住

細辻珠紀（ほそつじ・たまき）　（細）
一九五六年兵庫県姫路市生まれ
大阪ガス・クッキングスクールチーフインストラクター、栄養士
京都市在住

堀越昌子（ほりこし・まさこ）　（堀）
一九四六年滋賀県長浜市生まれ
滋賀大学教授
滋賀県大津市在住

三田弘子（みた・ひろこ）　（三）
一九四八年滋賀県伊香郡生まれ
栄養士
滋賀県長浜市在住

■執筆・編集
滋賀の食事文化研究会
1991年に発足。滋賀県の伝統的食事文化についての学習および調査活動をおこなっている。
編著に『ふなずしの謎』『お豆さんと近江のくらし』『くらしを彩る近江の漬物』『近江の飯・餅・団子』『湖魚と近江のくらし』『つくってみよう滋賀の味』『つくってみよう滋賀の味Ⅱ』（小社刊）。

代　表：堀越昌子
事務局：滋賀大学教育学部堀越研究室
滋賀県大津市平津２丁目5－1
TEL 077（537）7807

芋《いも》と近江《おうみ》のくらし　淡海《おうみ》文庫36

2006年10月30日　初版１刷発行

企　画／淡海文化を育てる会
編　者／滋賀の食事文化研究会
発行者／岩　根　順　子
発行所／サンライズ出版
滋賀県彦根市鳥居本町655-1
☎0749-22-0627　〒522-0004

ISBN4-88325-153-5　Printed in Japan

淡海文庫について

「近江」とは大和の都に近い大きな淡水の海という意味の「近（ちかつ）淡海」から転化したもので、その名称は「古事記」にみられます。今、私たちの住むこの土地の文化を語るとき、「近江」でなく、「淡海」の文化を考えようとする機運があります。

これは、まさに滋賀の熱きメッセージを自分の言葉で語りかけようとするものであると思います。

豊かな自然の中での生活、先人たちが築いてきた質の高い伝統や文化を、今の時代に生きるわたしたちの言葉で語り、新しい価値を生み出し、次の世代へ引き継いでいくことを目指し、感動を形に、そして、さらに新たな感動を創りだしていくことを目的として「淡海文庫」の刊行を企画しました。

自然の恵みに感謝し、築き上げられてきた歴史や伝統文化をみつめつつ、今日の湖国を考え、新しい明日の文化を創るための展開が生まれることを願って一冊一冊を丹念に編んでいきたいと思います。

一九九四年四月一日